説明の技術
100の法則

How to learn explaining techniques

わかりやすく伝わりやすくなる力を
身につける

鶴野充茂 [監修]
Mitsushige Tsuruno

JN064618

日本能率協会マネジメントセンター

はじめに

—— 頭に浮かぶことをただストレートに表現する
　　それが、典型的な「失敗する説明」のパターンです

・**自分の言いたいことから話す**
・**強い思いを伝える**
・**丁寧に時間をかけて説明する**

　これらは、うまくいかない伝え方の代表例なのですが、理由はわかるでしょうか？
　実はどれも、聞き手の意識をイメージできていないのです。

　効果的な説明には、踏まえるべきポイントがあります。それは話し手ではなく、聞き手に対して説明を聞きやすく、受け取りやすくするという工夫です。

　そもそも説明の必要があるということは、自分の力だけで成し得るものではなく、聞き手の力を借りる必要がある状況だということです。そして、あなたの説明によって、聞き手が何らかの反応をする、ということが「説明の成功」の前提条件だということです。

ただその場で思いついたことを順番に伝えるだけでは、うまくいくわけがありません。説明の上手な人は、あらかじめ説明のための準備をしているものなのです。その具体的な準備を本書でひとつずつ紹介していきます。

　まず本書では、説明の主役は話し手ではなく、聞き手であるということを理解していきます。そして、そのうえで、相手に話を聞いてもらうための具体的な方法について見ていきます。

　仮にあなたが相手にどうしても伝えなければならない話があるとしても、相手にあなたの話を聞かなければならない理由はないかもしれません。あなたは話を聞いてほしいけれども、相手は聞く必要がないわけです。それでもなお、あなたの話を聞こうと思ってもらうためには、いくつかのポイントを押さえておく必要があります。

　また、話を聞いてもらうだけではなく、説明によってどのような「結果」を得たいのか。それについて具体的にイメージしながら、伝え方や内容を考えていくのがうまくいく説明の方法です。
　そこで、説明上手な人たちがやっている具体的なコツについて、ひとつずつ確認しながらみていきます。

さらに、話を簡潔にまとめ、それでいて、より深く理解してもらうための伝え方の工夫を学びます。誤解を防ぐ方法やほんの一言で差が出る言葉、そして最後に、あらためて教えてもらう機会の少ないメールの注意点なども見ていきます。

　本書は、いい説明をするための力が効率よく身につけられるように、各項目を簡潔にまとめてあります。ひとつずつ見ていくことで、「どういうこと？」「何が言いたいの？」と聞き返されない、わかりやすい説明ができるようになるはずです。

　ぜひ、本書で解説している「説明の技術100の法則」を、ビジネスや日常生活でご活用ください。ここにまとめた説明の技術によって、あなたのお仕事や人間関係がよりよい方向に進みますように願っています。

2024年6月

鶴野 充茂

説明の技術100の法則／目次

はじめに 3

第1章 説明の主役は話し手ではなく聞き手

001 相手が動けるのがいい説明
結果が伴わなければいい説明とは言えない 16

002 期待通りに相手が動ける説明を目指す
聞き手を動かすことが説明の意義 18

003 伝えるためには準備が大切
頭のなかを整理して端的な伝え方を用意する 20

004 手っ取り早く説明がうまくなる方法
聞き取りやすい声量と速さで話すことが大切 22

005 言葉だけでなく感情を込める
心を込めることも忘れてはいけない 24

006 要点を押さえて説明する
必要な情報を絞り込む 26

007 伝えるときは事実ベースだと説得力が増す
まず客観的な情報を伝える 28

008 人が動くのは論理だけではない
人はお願いされると意外と弱いもの 30

009 お願いすることを決めておくことが大切
ゴールを設定すれば何を伝えるかがわかる 32

010 相手に行動を促すまでの4ステップ
順序立った説明だと相手は判断しやすい 34

第1章 コラム1
デキるビジネスパーソンの話し方講座 ステップ1 36

第2章 相手に話を聞いてもらう12の方法

011 出かけるときより帰ってきたときを狙う
説明の前に気をつけるべきことがある ……… 38

012 スマホの扱いには要注意
スマホに届く通知や着信が説明の邪魔をする ……… 40

013 忙しいかどうかを聞くよりも……
説明にかかる時間をはっきり伝える ……… 42

014 相手の表情の変化を見逃すな
しっかりと相手の目を見て反応をうかがう ……… 44

015 相手にどうしてほしいのかを最初に話す
今から話す内容の大枠と目的をまず伝える ……… 46

016 話したいことはひとつだと事前に伝えよう
話したい話題の数を先に伝えておく ……… 48

017 相手の反応パターンを複数想定する
反応に対する準備でいい結果に導く ……… 50

018 相手にどう関係しているのかを伝えよう
関心度を高めれば聞く姿勢が変わる ……… 52

019 相手が話を聞く気になる3つのポイント
相手が聞く姿勢になる工夫を凝らした話し方 ……… 54

020 「 」で相手の心に響く表現を用意しよう
話を聞いてもらうには自分の言葉であることが大切 ……… 56

021 聞き手を引きつける新鮮な情報を加える
有益な情報だと相手の対応が変わる ……… 58

022 どうすれば「よくわかる」説明になるか
話を理解できている感覚を相手に持ってもらう ……… 60

第2章 コラム2
デキるビジネスパーソンの話し方講座 ステップ2 ……… 62

第3章　説明上手がやっている
結果を得やすくするコツ

023　会う前に概要を伝える
伝える内容の整理ができて、聞く側のストレスも軽くなる …………… 64

024　優先するのは、相手が聞きたい結論
話をスムーズに進めるなら話す順番を変える …………… 66

025　事実、推測、伝聞の3種を使い分ける
語尾をコントロールして、話に具体性と奥行きを持たせる …………… 68

026　正確に伝えるならファクトをもとにして話す
動かしがたい事実こそ、必ず伝えるべき必須の情報 …………… 70

027　話の順番でニュアンスが異なることに注意
話を正確に伝えるためにも話の順序立てを意識する …………… 72

028　相手に話題を振って主導権を握る
後手に回らないためにも、会話の糸口を先につかむ …………… 74

029　自発的に次のステップを提案する
積極的な言動が高い評価につながる …………… 76

030　「私、やりましょうか?」の一言が効く
自分から仕事を志願すれば、ムダが避けられ評価も上がる ……… 78

第3章　コラム3
デキるビジネスパーソンの話し方講座 ステップ3 …………… 80

第4章　できるだけ短く、端的に説明するコツ

031　短く伝えるとお互いハッピーに
余計なことは話さないことが大切 …………… 82

032　話し手と聞き手の時間的ギャップを知る
短い時間と思っても聞く側は長く感じる …………… 84

033 6文で伝えれば1分になる
事前の情報整理こそ、説明を相手に伝えるコツ ⋯⋯⋯⋯ 86

034 一文を短く構成する
意識すべきは短文とサウンド・バイト ⋯⋯⋯⋯⋯ 88

035 新聞の見出しをイメージして伝える
わかりやすさはポイントの言い切りにあり ⋯⋯⋯⋯ 90

036 選択肢から選んでもらうようにする
選択肢があれば話はスピードアップする ⋯⋯⋯⋯ 92

037 意見と理由をセットにする
情報に厚みを持たせて判断をしやすくさせる ⋯⋯⋯ 94

038 ビフォー・アフターの対比を意識する
効率を高めるためにも、伝達の意図を明確にする ⋯⋯ 96

第4章 コラム4
デキるビジネスパーソンの話し方講座 ステップ4 ⋯⋯⋯ 98

第5章 より深く話を理解してもらうテクニック

039 相手がメモしやすい説明を目指す
聞き手のメモがその先の相手に話を伝えていく ⋯⋯⋯ 100

040 数字と固有名詞は具体的な説明に欠かせない
印象の違いを補正しイメージの共有をする ⋯⋯⋯ 102

041 メモを見せながら話をしよう
話す内容をシンプルに視覚的なわかりやすさを意識する ⋯⋯ 104

042 メモをとことん活かすならサインペン
サインペンで書かれたメモは聞き手が見たくなる ⋯⋯ 106

043 相手のリアクションを促す3か条
最終的なリアクションで目的は達成される ⋯⋯⋯ 108

044 相手の反応を見ながら確認する4つのポイント
臨機応変に修正しながら説明を展開する ⋯⋯⋯⋯ 110

045 「一人称」の数を意識的に増やす
誰の発言かはっきりすると提案も明確になる ……… 112

046 「変化」に着目する
時代や状況の変化をテーマに選ぶと興味を持ってもらえる ……… 113

047 今までと何が違うのかを伝える
時系列上の変化をはっきりとさせることが重要 ……… 114

048 「時間の区切り」を必ず伝える
はじまりと終わりを明確にすることで仕事の効率を上げる ……… 115

049 相手から多くのYESを引き出す
相手の「Yes」を繰り返させて最終的な「Yes」を引き出す ……… 116

050 いい点と悪い点を整理して話す
わかりやすいように情報を整理すると説得力が増す ……… 117

第5章 コラム5
デキるビジネスパーソンの話し方講座 ステップ5 ……… 118

第6章 意識するだけでできる誤解を防ぐ方法

051 沈黙は誤解のもと
コミュニケーション不足が双方の認識の違いを生む ……… 120

052 一気に話さず、ひと呼吸入れる
話に区切りをつければ相手からの反応も得られる ……… 122

053 自分のリズムを守る
緊張感とうまくつき合い、自己をコントロールする ……… 124

054 話の要点を自信を持って言い切る
「要点は3つ」のように最初に話の全体像を示す ……… 126

055 お茶を濁すような表現はしない
あいまいな表現は勘違いされる原因になる ……… 128

056 接続詞を意識して使う
狙ったインパクトを与えるには言葉のつなぎ方が重要 ……… 130

057 複数の方法で念押しする
リマインドすることでトラブルを回避する 132

058 語尾は不明瞭にせずはっきりと言う
聞き手に対してストレスを与えない話し方 134

059 提案にOKをもらうことが目標
提案を通すためには論理的な話し方をすること 136

060 未来の行動を促すために過去を語る
実績や成果を伝えて信頼を得ていく 138

第6章 コラム6
デキるビジネスパーソンの聞き方講座 ステップ1 140

第7章 結果を出すには誠実さが武器になる

061 はじめての相手に自己紹介は必須
相手のことを考えた自己紹介で、信頼を得る 142

062 ウソをつかないようにする
周囲だけでなく自分にも影響がでる 144

063 言葉選びを間違えたら即訂正する
言葉には重みがあることを意識して話をしよう 146

064 本気の人ほど周囲は応援したくなる
信頼される人は「本気の伝え方」がうまい 148

065 関係者とすぐに連絡を取れるようにする
少なくとも上司と同僚の携帯電話番号は把握する 150

066 手助けしてくれる人を探す
協力者がいることは、信用にもつながる 152

067 事実を知らせないのはウソと同じ
都合の悪い事実も隠さない姿勢が信頼性を高める 154

068 相手に合った敬語を選ぶ
正しい言葉を使い分けて相手の信頼を得る 156

069 人は情で動くということを心に留めておく
誠意を示すと、話を聞いてもらえるようになる ……………… 158

070 感情的になってはいけない
上手く伝わらないときは、伝え方を変えてみる ……………… 160

071 人が聞いているかも……という配慮を持つ
会話を聞いているのは、話し相手だけとは限らない ……………… 162

072 上手く伝わったのか振り返る
伝える目的に応じたフィードバックを取ろう ……………… 164

073 接点が多い人ほど信頼してもらいやすい
接触回数の増加は成果に結びつく ……………… 166

074 足を運ぶと評価を受けやすい
今の時代だからこそ、直接会うと誠意が伝わる ……………… 168

075 相手のことを好きになる
相手の人格を尊重して感謝の言葉を伝えよう ……………… 169

第**7**章 コラム7
デキるビジネスパーソンの聞き方講座 ステップ2 ……………… 170

第**8**章 **一言で物事が動き出す魔法の言葉**

076 相手を本気にさせる言葉を知る
積極的な本音の会話で信頼関係を構築する ……………… 172

077 みんなに同じ質問をしてみる
たったひとつの簡単な質問で人選が成功する ……………… 174

078 条件を絞り込む具体的な提案力を身につける
「いつか」を待っていてはチャンスはつかめない ……………… 176

079 比喩表現を用いて相手に新しい気づきを与える
いつもと違うアイデアで信頼感を得る ……………… 178

080 あいさつができる人は仕事ができる
意識して実行すればチャンスがめぐってくる ……………… 180

081 目標意識を持たせる言葉が成長を促す
判断に迷ったらまず自問それで仕事の見え方が変わる 182

082 自ら成功を引き寄せるワンフレーズ
チャンスは「ぜひ私に!」の一言から 184

第**8**章 コラム8
デキるビジネスパーソンの聞き方講座 ステップ3 186

第**9**章 ワンランク上の
プレゼンの技術を身につけよう

083 いいプレゼンとは何か?
入念なリサーチを行い相手のニーズに応えた提案 188

084 プレゼンの種類と目的を把握する
プレゼンは目的によって5つの種類に分けられる 190

085 パワポは文字を減らせ
見栄えは気にせず内容で勝負する 192

086 自分のバックグラウンドを掘り下げる
何ができるかを知ることで自分の果たせる役割がわかる 194

087 聞き手の興味を引くために意外性を用意する
インパクトのある演出はプレゼンの場でも有効 196

088 大事なことは繰り返し伝える
何度も伝えることで記憶に残りやすくする 198

089 付加価値を盛り込む重要性
自分と組むことによるメリットを強くアピールすることが大事 200

第**9**章 コラム9
デキるビジネスパーソンの聞き方講座 ステップ4 202

第10章 結果を出せるメールの技術

090 送信者を明瞭にする
メールで緊急性をアピールする方法 …… 204

091 返信の有無は件名で差が出やすい
メールのタイトル欄には送信した目的を示せ …… 206

092 メールはレイアウトにも気を使おう
あなたは守れているか？　メール本文　4つのポイント …… 208

093 メールには必ず署名をつけよう
メールの初期設定で忘れるな 署名欄の氏名は漢字で記載 …… 210

094 相手が返信しやすい文面で送る
リアクションに困るメールは送らない …… 212

095 長文のメールは数字を振ってまとめる
整理整頓することはメールにおいても重要 …… 214

096 リマインドメールを送って進捗を聞く
忘れてしまうのは防げない 大事なことはメールで確認 …… 216

097 ビジネス用メールで食事に誘う
真のコミュニケーションはリアルな場にある …… 218

098 宛先ひとつで信用を落とすのもメール
重要度が低いのは？　宛名が配信されないのは？ …… 219

099 悩みや相談メールは夜に書かない
何を送るかだけでなくいつ送るかも大切 …… 220

100 誤字は関係づくりに活かせる！
誤字は完全にはなくならない 開き直ってみるのも手 …… 221

第10章 コラム10
デキるビジネスパーソンの聞き方講座 ステップ5 …… 222

1

説明の主役は
話し手ではなく
聞き手

説明は内容よりもまず聞き手を意識することが大切です。説明
を聞いた相手がどう思うか、それによってどう行動していくの
かに注目してみましょう。

結果が伴わなければ
いい説明とは言えない

いい説明とは何か

「うまく説明することができなかった」「ちゃんと説明したつもりだけど、あまり相手に伝わっていなかった」というような経験をしたことはないでしょうか。

ただ物事について話すだけでは、聞き手に理解してもらえません。一方的ではない、聞き手の立場に立った説明が、いい説明になるのです。

いい説明ができるようになるためには、まず説明で何を目指せばいいのかを理解しましょう。説明のプロセスを3段階で捉えることで、目的達成を見据えた、効果的な説明を意識できるようになります。

まず、ステップ1は「**聞き手に伝える**」です。ある物事について、話し手はその情報を聞き手に伝えます。このとき、話し手から聞き手へと、矢印が一方的に向いている状態です。

次に、ステップ2は「**聞き手に伝わる**」です。話し手からの情報を聞き手が受け取り、内容を理解します。ここで、聞き手が話し手からの情報をキャッチした状態になります。

　最後のステップ3は「**結果が伴う**」です。物事を理解した聞き手が、伝えられた情報を踏まえて行動します。**これが説明で目指したい目標地点です。**

　話し手は、説明によって聞き手に行動を促し、聞き手が話し手の期待する結果につながる反応をする。これがいい説明です。聞き手に情報を伝えることで、最終的にどういう結果に持っていきたいのか、その目的をはっきりさせて説明することが重要なのです。

説明のプロセス（3段階）

例：部下が上司に仕事の悩みを相談する場合

①聞き手に伝える

部下が、自身の勤務体制についての悩みを上司に伝える

②聞き手に伝わる

部下の話を聞いて、上司がその内容を理解する

③結果が伴う

上司が部下の悩みを解決すべく、勤務体制の改善に動く

ポイント

説明の目標をイメージして、それを念頭に置きながら最終ステップを目指そう。

期待通りに相手が動ける説明を目指す

聞き手を動かすことが 説明の意義

情報を伝えることを目的にしていないか

　実際に説明するとき、多くの人は情報を伝えることに精一杯になりがちです。よくある失敗として、言いたいことだけ言って満足してしまうパターンや、つい感情的になって気持ちをぶつけるだけになってしまうパターンが挙げられます。また、聞き手の反応を気にしすぎて、伝えるべき内容をしっかり伝えられないパターンもよく見られます。

　しかし、説明で大事なのは、最終的に聞き手に行動を起こさせること。たとえあまり内容が伝わっていなかったとしても、この最終目標にさえ到達できていれば、説明の意義を果たせたことになります。**説明の目的を、「伝える」ことではなく、「聞き手に行動を起こさせる」ことに設定するのです。**

聞き手を動かす2つのポイント

　聞き手を動かすには、2つのポイントを意識して取り入れることが大切です。まずひとつは、**どうしてほしいのかをはっきりさせること**。聞き手にとってもらいたい行動を明らかにし、なぜそ

うしてほしいのか、理由も合わせて伝えます。これによって、聞き手は何を期待されているかを理解します。

　もうひとつは、**なぜその行動をとる必要があるのか、聞き手側が動くべき理由を示すこと**。行動することによるメリットや行動しないことで起こるデメリットを伝えましょう。さらに、聞き手の興味を引いたり、モチベーションを高めたりする情報を加えると、聞き手の心はより動きやすくなります。

　例として、できるだけ早めに経費の申請書類を確認してもらいたい場合を考えてみましょう。まず、してもらいたいこととその理由を提示するので、「経費の申請書類を確認してほしい」「申請期限が迫っているため」、この2つを伝えます。

　次は相手が動くべき理由を提示するので、「もし遅れるとトラブルになりかねない」という動かないことによるデメリットを伝えます。ここで上司は「すぐ確認したほうがいいな」と思うでしょう。さらに「早めの申請を心がければ、経理部からの印象もいい」というプラスの効果を合わせて伝えれば、上司の行動のモチベーションが高まるかもしれません。

　こういった流れで説明していくと、聞き手にしてほしい行動をとってもらいやすくなるはずです。

　情報を伝えることではなく、その先にある、聞き手を動かすことを目的に説明する。これが、説明するうえで忘れてはならない大切な点です。

ポイント

聞き手を動かすためには、何をしてほしいのか、なぜその行動をとる必要があるのかを伝える。

頭のなかを整理して
端的な伝え方を用意する

説明がわかりにくい人の特徴

　ちゃんと説明しているはずなのに、いまいち理解してもらえて
ないと感じたことはありませんか？

　説明がわかりにくい人によく見られるのが、自分の考えをすで
に聞き手がわかっている前提で話してしまったり、立場の違いを
忘れ、聞き手にわからない専門用語を使って話してしまったりと
いうケースです。

　こういった場合、**頭のなかで考えていることをそのまま言葉
にしてしまうため、論理的な説明になっていないことが多いので
す**。聞き手からすると、何を言っているのかわかりません。

頭のなかを整理してから説明する

　そうならないためには、説明する前に頭のなかを整理しておく
ことが不可欠です。そこで実践するとよいのが、**考えていること
を箇条書きで書き出してみること**。この作業を行うと、自分が何
を伝えたいのか明確にでき、筋道の通った説明を組み立てやすく
なります。

　これができたら、**書き出した箇条書きの内容をまとめ、一言で表してみましょう。**第一に伝えるべきことがわかります。

　実際に説明する際は、まずまとめた一言を伝え、そのあとに箇条書きの内容を伝えていきます。この順番で説明すれば、聞き手は最初の時点で話し手の言いたいことをあらかた捉えることができ、その状態で順番に詳細を知っていくことで、内容を理解しやすくなるのです。

　つまり、書類を作成するときと同じで、まずは内容の大枠を表す見出しをつくり、そのあと詳細を連ねていくことが基本となります。**見出しとなる一言が、聞き手の関心をつかみ、そのあとに続く内容を理解する手助けをしてくれるというわけです。**

　このように、頭のなかを整理して伝えたいことをはっきりさせれば、すっきりとした説明ができ、聞き手にちゃんと情報が届きます。実際に話す前の、事前準備が整っていてこそ、わかりやすい説明になることを覚えておきましょう。

箇条書きで整理する

例：有休をとってもいいか上司に確認したい場合

考えていること
・仕事がある日に法事が入った ・仕事を休まないといけない ・その日の打ち合わせは別日に変更しよう ・打ち合わせの変更は相手にも了承をもらっている

内容を一言で表すと……

➡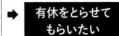

有休をとらせてもらいたい

ポイント

頭のなかを整理してから説明に移る。考えを箇条書きで書き出し、その内容をまとめて、一言で表してみるとよい。

聞き取りやすい声量と速さで話すことが大切

すぐに実践できる伝わる説明

うまく説明できるようになるには、さまざまなポイントがあります。これらを実践しようとすると、じっくりプランを練る時間が必要です。しかしなかには、「手っ取り早く、説明がうまくなりたい！」と考える人もいるでしょう。

そういう場合に、今すぐ実践できることがあります。それは、口を大きく開いてハキハキ話すことです。簡単に思われるかもしれませんが、これができていない人はけっこう多くいます。

たとえば、人と会話しているときのことを思い浮かべてみてください。会話中、聞き取れない言葉があったとして、それを逐一聞き返す人はあまりいないのではないでしょうか。たとえ聞き取れなかったとしても、会話の流れでだいたいの内容を理解することはできます。そして、聞き取れなかった言葉をそのまま放置しているというのは、実によくあるケースです。

つまり、聞き取れなかった情報はスルーされ、なかったことになってしまいます。これでは、せっかく情報を伝えても、自分が意図するほど聞き手に情報を受け取ってもらうことは叶いませ

ん。そうならないために、話し方というのはとても重要です。

聞き取りにくい話し方は2パターンある

　ここで、2つの代表的な聞き取りにくい話し方を取り上げましょう。これらを参考にして、話し方が聞き手に与える影響について考えてみます。

　1つ目は、**小さい声でぼそぼそとしゃべっているパターン**です。声がしっかり届かなければ、相手は聞こうという気になりません。むしろ、その様子にストレスを感じる人もいるはずです。緊張したり、自信がなかったりしてこういった話し方になってしまうのもうなずけますが、伝えたいことは相手に届かなければ意味がないと理解しましょう。

　2つ目は、**早口でまくし立て、自分のペースでしゃべっているパターン**。とにかく情報を並べ、伝えたいことをすべて言いきろうとしてしまうのです。話すスピードが速いと、情報がどんどん流れてしまい、聞き手はキャッチすることができません。聞き取りやすいスピードを意識し、丁寧に説明することが大切です。

　このように、**話し方ひとつで、聞き手への情報の伝わりやすさが違ってきます**。いい説明をするためには、まず話し方を見直すべきなのです。

　口を大きく開いてハキハキ話すというのは、説明する以前に、人とコミュニケーションをとるうえでも重要なこと。この基本を押さえれば、格段に伝え方がうまくなります。

ポイント

口を大きく開いてハキハキ話せば、伝えたい情報を聞き手にしっかりと届けることができる。

心を込めることも
忘れてはいけない

論理的な説明だけでは十分でない

「説明は順序よく、論理的にするべき」というイメージを抱いている人は多いのではないでしょうか。実際、筋道の通った説明はわかりやすく、聞き手に的確に情報を伝えることができます。どんな情報を、どういう順番で組み立て、いかに聞き手を納得させるか。こういった綿密さは、確かにとても大切です。

しかし、**ここで忘れてはならないのが、感情を盛り込むこと。**論理的な説明のなかで、自分の感情を聞き手に知ってもらえる箇所を設ける必要があります。

感情は聞き手の心を揺さぶる

たとえば、企画会議で自分の考えた企画を通したいとしましょう。会議に向けて、企画の特徴を簡潔にまとめ、あったほうがいいデータを集め、質問されそうなことをあらかじめ想定しておいて、ようやく準備が整います。

そして会議当日、そろえた資料をもとにわかりやすくスラスラと企画について説明しました。抜け目のない論理的な説明ができ

て、準備したことをしっかり活かすこともできました。

　しかし、ここで思い浮かべてみてください。論理的な説明を、ただ淡々とこなしている様子を。聞き手はこの様子を見て、どう感じるでしょうか？

　情報が的確に伝わったとしても、企画者が本当にその企画を実現させたいと思っているのか、感情が見えなければ聞き手は疑問を抱きかねません。このまま企画を通して大丈夫なのか、不安に感じるでしょう。

　もしやる気のない様子で説明していたとすれば、どんなに企画が理にかなっていても、聞き手は企画を通したいとは思わないはずです。ましてや、その態度に反感を抱くことも考えられます。

　つまり、**論理的な説明にプラスして、熱意を感じさせる必要があります。**企画を実現させたいという思いを、聞き手にわかるように伝えるのです。

　ここでひとつ、**感情に身を任せた説明にならないように注意しましょう。**感情が先走っては、相手に伝えるべき情報が伝わらなくなってしまうため、あくまで論理的な説明の要所要所に、自分の感情を盛り込んでください。

　また、感情を伝えると言っても、言葉にして伝えるだけが手段ではありません。説明中のしぐさや表情も、感情を伝える表現方法のひとつです。**人は理屈だけで動いているわけではなく、感情を揺さぶられて行動に出る面を持っていること**を忘れないようにしましょう。

ポイント

的確な情報をわかりやすく説明するだけでなく、話し手の感情も所々に盛り込むと、聞き手は心を動かされる。

必要な情報を絞り込む

情報量が多いと伝わりにくい

　説明する際、何を伝えるか、その内容を意識する人は多いでしょう。確かにこれは重要ですが、もうひとつ気をつけなければならないことがあります。

　それは、**情報量を多くしすぎない**ことです。「情報が多いほど、聞き手に内容を詳しく知ってもらえるのでは？」と思う人もいるかもしれません。しかし情報をたくさん詰め込めば、その分聞き手は考えることが増え、混乱しやすくなってしまいます。

　そうならないよう、伝えるべき情報を絞ることが必要になります。**最終的に聞き手に行動を起こさせるために必要な情報を選び取り、要点をまとめて簡潔に説明するのです。**

判断材料を見極める

　ここでひとつ、例を挙げて考えてみましょう。現在業務で使用しているシステムより使いやすそうな、新システムを発見したとします。そこで、新システムを導入できないか、上司に相談しようと考えました。

　この場合、最終的な目的は、上司に新システム導入を認めてもらうことです。これを達成するために必要な情報として、現システムより新システムが優れている点、導入にかかるコスト、導入後に見込まれる利益の3つが挙げられます。これらは判断材料となる重要な情報です。上司がこれらの情報を受け取り、コストを上回るメリットがあると判断すれば、新システム導入に納得してもらえるでしょう。

　このように、聞き手が行動を起こすかどうか決める判断材料をピックアップし、持っていきたい方向に進んでもらえる内容に仕上げることで、最終目的を達成できます。

　どんな情報をピックアップするか、見分けるのが難しいと感じるかもしれませんが、これができるようになるためには**日々の習慣づけが有効**です。習慣にするといいことは3つあります。

　まず1つ目は「**質問**」です。何か上司に指示を受けた際は、相手が何をしてほしいと思っているのか、どんな情報を欲しているのか、質問を通じて確認しておくようにしましょう。

　2つ目は「**記録**」です。指示を受けたりアドバイスをもらったりした際に、わかった気にならず、しっかりメモしておきます。そうすれば、情報を取りこぼすことなく、相手の隠れた意図や重要ポイントに気づけるようになります。

　3つ目は「**報告**」です。何かあれば都度報告し、それに対するフィードバックをもらうことで、他者の観点を取り入れた思考を育てることができます。

ポイント

情報をただ羅列するのではなく、聞き手が判断するのに必要なものだけを選んで提供する。

伝えるときは事実ベースだと説得力が増す

まず客観的な情報を伝える

説明には客観的な情報が必要

　ある出来事について人にアドバイスや意見を求めるとき、どんなふうにその出来事を説明していますか？

　たとえば、企画が通らなくて上司にどう改善すればいいか相談するとします。

　「これが企画資料です。けっこういい出来だと思っていたのですが、企画が全然通らなくて。流行を捉えることが大事だってわからないんですかね」

　こんなふうに企画が通らなかった経緯を説明しました。 しかし、これではアドバイスしようにも、企画会議での様子やどんな指摘を受けたのかがわかりません。**説明から得られる事実がない**ため、上司は困ってしまいます。

　「企画が通りませんでした。営業部から、**現実的な数字じゃない**と言われたんです。新しい試みはいいけど、もっと慎重に進めていきたいって」

　一方、こう説明したとすれば、上司は企画書の数字に注目すればいいとわかります。その情報をもとに改善点を見つけ、部下へ

的確なアドバイスをすることができるでしょう。

　このように、**説明には事実を入れることが重要です**。実際の状況を明確に伝えることで、説得力は格段に上がります。

　ここで、情報は大きく分けて2種類あることを理解しておく必要があります。ひとつは、**主観情報**です。出来事に対する感情や意見、推測がこれにあたり、自分の視点から出来事を捉えたときの情報を指します。もうひとつは、**客観情報**です。どんなことが起こったのか、出来事を客観的に捉えた情報のことで、これが説明に不可欠な「事実」となります。

5W2Hと伝える順序を意識する

　では、事実をどう伝えるのがよいのかというと、**5W2H**を意識するとうまく説明できます。これは、When（いつ）、Where（どこで）、Who（誰が）、What（何を）、Why（なぜ）の5Wと、How（どのように）、How much（いくらで）の2Hから構成されています。各項目を埋めていくことで、簡単にわかりやすく事実を捉えられるでしょう。

　また、事実に加え、主観情報も説明には必要です。前述のように、事実のない主観情報のみの説明はNGですが、2つをうまく組み合わせるといい説明になります。

　具体的な説明の順序としては、**事実を伝えたあとに、その事実に対する意見を伝え、さらにどうしたいのか要望を加えます**。この順序を守れば、相手の理解はより一層深まるはずです。

■ポイント

事実という、客観的な情報を入れることで、説明の説得力が増す。事実のあとに、主観的な情報である自らの考えを加えるとさらによい。

人が動くのは論理だけではない

人はお願いされると
意外と弱いもの

説明にお願いをつけ加える

　法則005と法則007で、説明には感情を加えることが大切だと解説しました。いくら正論をぶつけても、熱意や感情が垣間見える部分がなければ、聞き手の心を揺さぶることはできません。

　冒頭で解説した通り、説明の目的は、聞き手を動かすことです。そのために、理屈にプラスして感情を盛り込み、聞き手の心を揺さぶる必要があります。そこで、**感情を表現する方法として、「お願い」をつけ加えるのが有効です**。

　これは、説明に「○○をお願いします」と加えるだけです。非常にシンプルですが、自分の要望を伝えるのに最適な方法だと言えるでしょう。このフレーズがあるだけで、聞き手は自分のやるべきことがわかり、また話し手の望むものや思いを知ることができます。

　たとえば、締め切り間近の仕事が終わらず、同僚に手伝ってほしいとします。同僚に仕事内容や現在の状況をわかりやすく説明し、しっかり理解してもらえました。

　しかし、ここで終わってしまっては、同僚は何をすればいいの

かわからないままです。

　そこで、「この部分の修正が間に合っていないので、手伝いをお願いします」とつけ加え、仕事を手伝ってほしいという要望を伝えましょう。これによって、同僚は相手が何を望んでいるのかわかり、行動しようとします。

お願いは具体的に

　またこのとき、**お願いの内容はできるだけ具体的にするのがおすすめです**。お願い、つまり聞き手のやるべきことが具体的であればあるほど、行動に移してもらいやすくなります。すぐに動いてもらいたい場合は特に、内容を細かく明確に伝えることが重要でしょう。

お願いによって行動に移してもらえる

説明の内容が……

事実のみの場合

＼うんうん／

聞き手は内容を理解するが、
それ止まり

事実＋お願いの場合

＼イエッサー／

聞き手は内容を理解し、
行動に出る

ポイント

説明の最後に「○○をお願いします」というフレーズを加えて、自分の要望を聞き手に明確に伝える。

お願いすることを決めておくことが大切

ゴールを設定すれば
何を伝えるかがわかる

あらかじめ結論を出しておく

　説明にかかわらず、話には結論を持たせなければなりません。結論がなければ話は終着せず、あいまいなままでフェードアウトしてしまいます。とはいえ、**結論が多すぎては、聞き手の混乱を招くので注意が必要です。**

　ここでひとつ、例を挙げて考えてみましょう。業務トラブルが発生し、上司に事態の収拾をお願いするとします。

　「現在、先方との間にトラブルが発生して困っています。進めていた納品作業が滞り、とても予定日には納品できそうにありません。その理由としては、先日システムを一新したことが大きいです。まだ慣れない部分が多く、作業に時間がかかってしまっています。作業工程をAプランからBプランに変更したほうが、効率的かと思いますが、いかがでしょうか？」

　このような相談だと説明が長ったらしく、上司は何をするべきか、いまいち理解できません。内容をひとまとめにし、結論を出しやすくする必要があります。

　まず、複数ある論点を整理してみましょう。先ほどの相談内容

を分けてみると、以下のようになります。

①	現在、先方との間にトラブルが発生して困っている	**②**	進めていた納品作業が滞り、予定日には納品できそうにない
③	システムの一新で作業に時間がかかっている	**④**	時短のために、作業工程をAプランからBプランに変更したい

　つまり、一言で言うと「**先方とのトラブル解決のために、AプランからBプランに変更したいのでご判断ください**」ということになります。このひとまとめにした結論を提示することで、上司は何をするべきかパッとわかり、説明への理解度も高くなります。長々と説明するのではなく、**結論をわかりやすく提示し、聞き手のやるべきことを明確にしてあげる**のです。

ひとつの結論がお願いとなる

　ちなみに、結論はできるだけひとつに絞って提案することもポイントです。結論が多すぎると、お願いされた聞き手は自分が何をすればいいのか混乱してしまいます。できるだけ結論をひとつに絞り、わかりやすく簡潔化してこそ、聞き手はスムーズに動くことができるのです。

ポイント

結論をひとつにまとめ、聞き手にとってわかりやすい説明をすることが望ましい。

相手に行動を促すまでの4ステップ

順序立った説明だと
相手は判断しやすい

順を追った説明で聞き手を行動に導く

　法則001で説明の基本構造について解説しましたが、ここでは
より実践的に、説明の手順を考えていきます。

　説明は主に4つのステップに分けられます。順番にこれらのス
テップを踏んでいくと、聞き手に話を理解してもらいやすくなる
と言えるでしょう。

　まず、ステップ1は「**要約**」です。これから話す内容を簡潔に
まとめて提示します。これを最初に言っておくと、このあとどん
な話をされるのか、聞き手はその大枠をつかむことができます。
つまり、聞く準備が整うのです。

　次に、ステップ2は「**背景**」です。これは、話を持ち出した理
由にあたります。どんな経緯で話をするに至ったのか、なぜ今こ
の話をする必要があるのかを伝えましょう。話の脈絡を知ること
で、聞き手は納得しやすくなります。

　ステップ3は「**要点**」です。問題点や売り込みポイントを提示
し、聞き手に「行動せねば」と思わせます。ステップ2で背景を
理解させたあとにこのアクションを入れると、スムーズな流れで

聞き手の行動意欲をかき立てることができるわけです。

　最後、ステップ4は「**判断**」。聞き手が行動を起こすかどうか決める、最終段階です。ステップ1〜3でよい流れをつくれていれば、ここで聞き手に行動を起こさせることができ、説明の目的を果たせたことになります。

　このように、説明する際は話の内容だけでなく、どういう順番で伝えるかということも大切。**説明の順番とは、言わば聞き手の思考の流れです**。適切な順番で伝えることで、話し手の望む結果へと、聞き手を導くことができます。

説明の4ステップ

例：システム導入の営業で企業を訪ねた場合

| ①要約 | 「弊社のシステムをぜひご紹介したく、うかがいました」 |

↓

| ②背景 | 「御社の経理部の方からシステム導入を検討したいとご相談を受けておりまして」 |

↓

| ③要点 | 「年度末の今導入していただくことで、年度明けの業務がスムーズに進行します」 |

↓

| ④判断 | 「資料もお持ちしましたので、ぜひご検討ください」 |

ポイント

要約→背景→要点→判断の順番で説明すると、聞き手に行動を起こさせることができる。

デキるビジネスパーソンの話し方講座 ステップ1

....

　社会人になると、学生時代のようなフランクな話し言葉ではなく、正しい敬語や丁寧な言葉遣いが求められます。至極当たり前の話ですが、社会人になったばかりだと、学生時代のノリやクセというのがつい出てしまうことは少なからずあるものです。非常識な人と思われないためにも、日頃から意識的に気をつけておきましょう。

　また、話をするスピードは、早すぎても遅すぎてもいけません。相手が不快に思わないような、適度なスピードを心がけることも大切です。

　さらに、相手の印象をよくするためには、笑顔で話すということを念頭に置いておきましょう。多くの方は、無表情の人に対してあまりいい印象を持ちません。軽く笑顔を見せるだけでも、相手は安心感を抱くのです。

　ただし、歯が見えるくらい大げさに笑ってしまうと、不自然さが漂い、相手の気分を害してしまう可能性があるので注意しましょう。

　社会人ともなれば、話し方もビジネスマナーのひとつ。相手が嫌な思いをせず、なおかつ自分に好印象を抱いてもらえるような話し方を意識してみてください。

第2章

相手に話を
聞いてもらう
12の方法

相手に耳を傾けてもらえなければ、そもそも説明をすることさえできません。「聞いてもいいかな」と思わせる、有効なテクニックを解説します。

出かけるときより帰ってきたときを狙う

説明の前に気をつけるべきことがある

タイミングを意識する

話はその内容だけでなく、**声をかけるタイミングもよく考える必要があります**。相手が忙しいときに話を切り出したり、ほかの人と話しているときに割り込んだりするのはNGです。

一方、**相手に余裕のあるタイミングなら、説明の内容も相手の頭に入りやすくなります**。

具体的には、用事を終えて帰ってきたときに声をかけるのがおすすめです。出かける前は次の予定に意識が向かっているもの。ですが、帰ってきたときはひと仕事終えてきたあとなので、意識が次に向かっておらず、話を聞いてもらいやすいと言えます。

自分の上司のようにスケジュールを把握できる相手であれば、それをもとにタイミングを決められるでしょう。たとえ把握できない相手であっても、ひと仕事終えて会社に戻る時間帯を意識すれば、話を聞いてもらえる確率は上がります。午前中や日中に会議や外出が多いなら、夕方を狙ってみるのはどうでしょう。

　ただし帰宅時間だと、すでに仕事への意識が切れている場合があります。あまり遅い時間にならないように気をつけましょう。

説明以前に見た目を気にする

　タイミングのほかにも、気を配らなければならないことがあります。それは、**見た目に信頼感があるかどうかです。**

　これから人の話を聞く、という場面を想像してみてください。もしその人がだらしない格好をしていたり、うさんくさい雰囲気だったりしたら、どう感じるでしょうか？

　「大丈夫かな……」「なんだか信頼できそうにないな」と不信感を抱いてしまう方が多いはずです。これでは、その人がどんなに説明上手であろうと、そもそも聞く耳を持ってもらえません。

　信頼感のある見た目をつくるには、身だしなみや姿勢、表情に気をつけましょう。 特に、清潔感のある髪型や服装を意識するのは最優先事項です。加えて、**TPOに合っているかどうかも重要。** 取引先での会議ならビシッとしたスーツ、同僚とカフェで打ち合わせならラフな格好というふうに、臨機応変に対応していくことがベストです。また、姿勢がよいと誠実な印象を聞き手に与えることができ、笑顔を意識すれば安心感を抱いてもらえます。

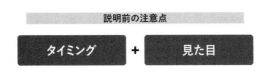

説明前の注意点

タイミング ＋ 見た目

ポイント

声をかけるタイミングを見計らったうえで、信頼感を抱いてもらえる
見た目を心がけ、相手に聞く耳を持ってもらう。

スマホの扱いには要注意

スマホに届く通知や着信が
説明の邪魔をする

スマホはしまっておくのがマナー

　ビジネスマナーとして、商談中にはスマホを取り出さないのが常識です。ですが、ときおりテーブルのうえにスマホを置く人がいます。触らなければマナー違反ではないと考えるかもしれませんが、メッセージを受信した際のポップアップメニューの表示やバイブレーションなどを、相手が気にしてしまう可能性があります。**もちろん説明しているあなたも、意識がスマホに向かうでしょう。**つまり、説明自体のノイズ（余計な情報）になるのです。また、相手があなたのスマホに目をやり興味をもったりスマホを見て何かほかのことに考えをめぐらせたりする可能性があります。あくまで説明の間は、話に集中をしてもらいたいところです。

　スマホケースや貼ってあるシールがちょっとした話のネタになることもあります。盛り上がってうまくいくなら、それはそれでよいのですが、本題の話を真剣に聞いてもらいたいのであれば、やはりスマホは相手が見えないところにしまっておくほうがよいでしょう。

電源を切っておくとなおよい

　会議や打ち合わせのとき、あなたはスマホの電源を切っていますか？　電源は切っていないけど、一応マナーモードにしているという人が多いのではないかと思います。

　スマホの電源を切るか、切らないか。**簡単なひとつの作業ですが、説明する際にはとても重要な意味合いを持っています。**

　たとえば、取引先の方との会議があるとしましょう。取引先の方を招き、自分たちの会社に足を運んでもらったという状況です。

　あなたは会議前、ポケットにしまっているスマホの電源を切り忘れました。そして会議がはじまり、あなたは代表として数人の会議メンバーの前でプレゼンをしています。

　すると説明の途中、ポケットで振動音が響きました。会議のような場ではよく聞こえるものです。あなたは慌ててスマホを取り出し、着信を拒否して、再びポケットにしまいます。しかしその後、再び振動音が鳴りました。そんな振動音ひとつで集中力というものは途切れてしまうものです。そして、プレゼンが終了しました。

　「スマホの電源をちゃんと切っておけばよかった」と後悔してもあとの祭りです。**せっかく準備したプレゼンも、台無しになるかもしれません。**何より、取引先の方に失礼なので、スマホの電源は切っておいたほうがよいのです。

　ポイント

スマホの着信音やバイブレーションが響けば、説明の邪魔になる。電源を切り、しまっておくに越したことはない。

忙しいかどうかを聞くよりも……

説明にかかる時間を
はっきり伝える

説明する時間を設ける

　法則011でも少し触れましたが、話は相手の忙しくないときにするのが賢明です。それがマナーであり、時間を割いて話を聞いてくれる相手への気遣いでもあります。

　よって説明の際はまず、相手に相談し、そのための時間を確保してもらわなければなりません。このとき、相手の都合をうかがううえで、気をつけるべき2つのポイントがあります。

　ポイントの1つ目は、**話をするのにどのくらいの時間が必要なのかを提示する**ことです。忙しい人にとっては「今忙しいですか？」というやり取りにすら時間を消費されたくないもの。むしろ「1分で終わるのでちょっといいですか？」と、短い時間で単刀直入に話をされるほうがいいという場合がほとんどです。時間のないなかで本題に入らず、延々と主張や解説を繰り広げられたら、話を聞いているほうは確実にうんざりしてしまうでしょう。

　どのくらい時間がかかるのかは、相手が今話を聞くか、それとも後日話を聞くか判断するのに重要な材料にもなります。人の貴

重な時間を自分のために使ってもらうからこそ、相手の都合に配慮する姿勢が必要です。

　ポイントの2つ目は、**どのくらい急いでいるのかを提示する**ことです。急ぎの用にもかかわらず、相手に忙しいからと断られ、それを受け入れ続けてしまえば、期限を過ぎてしまう可能性があります。相手の時間を尊重することは大切ですが、それで自分の用を果たせなくなってしまっては本末転倒です。急いでいる場合は必ずそのことを伝えるようにしてください。

　これらを押さえれば、説明を行うための時間の確保はバッチリ。**相手の都合と自分の都合、どちらも尊重することができます。**

急いでいる場合の伝え方

　できるだけ早めに話をつけたいときは、たとえば以下のように話しかけるとよいでしょう。

「ご相談させていただきたいことがありまして。30分ほどお時間をいただくことになるのですが、概要だけであれば3分で済みます。少し急いでいるので、とりあえず、概要だけ説明させていただいてもよろしいでしょうか」

　3分で済むと伝えることで、概要だけでも先に知ってもらうことができます。そして、だいたいの内容を把握した相手は、急いでいることを理解し、それを鑑みて詳細を聞くための時間を設けようと動いてくれるはずです。

ポイント

話にどのくらい時間がかかるのか、自分がどのくらい急いでいるのかを提示し、相手と自分両方の都合を合わせる。

相手の表情の変化を見逃すな

しっかりと相手の目を見て
反応をうかがう

目を見て話すと真実味を帯びる

人と話すとき、あなたの目はどこを見ているでしょうか。

もし緊張するからと下ばかり向いていたり、用意した資料や原稿をずっと眺めていたりするならば、すぐにあらためるべきです。説明中は、しっかりと相手の目を見て、アイコンタクトを取ることを意識しましょう。

目を見ながら説明するだけで、説明の説得力が増します。人は嘘をついたり、ごまかしたりするとき、その気まずさから目をそらしがちになります。逆に言えば、相手から目をそらさないだけで、発する言葉に真実味が出てくるのです。

見られると相手は気になる

目を見ていると、聞き手は見られているなと感じます。この状態になると、見られていることが気になって、ほかのことを考えたり上の空になったりしにくくなるはずです。自分を見てくる目の前の話し手にどうしても関心が向き、自然と説明を聞く態勢に入ります。

　つまり、**目を見ることで、聞き手の意識を自分に集中させること
ができるのです**。説明は相手に聞いてもらえなければ意味があ
りません。説明の持つ力を最大限引き出すために、まずはアイコ
ンタクトで聞き手を引きつけましょう。

目を見て反応をうかがう

　さらに、**目を見ることで、聞き手の心の変化を読み取ることも
可能です**。

　話しているとき、表情をまったく変えないポーカーフェイスな
人はなかなかいません。多くの人は、話を聞いている途中で表情
が明るくなったり暗くなったり、必ず変化が見られます。もし相
手のYesを引き出したいのであれば、そんなわずかな表情の変化
を読み解くことが重要。**聞き手の反応によって、説明の進め方を
柔軟に変化させ、最適なものにしていくのです。**

　このように、相手の目を見ることで多くのメリットを享受する
ことができます。説明を成功させるために、アイコンタクトは大
きな役割を担っていると言えるでしょう。

　ですが、**始終見つめ続けると、返って逆効果を生んでしまうの
で注意してください**。ずっと見られると、聞き手は違和感や威圧
感を覚えてしまうものです。ポイントとなる重要なところだけ
しっかりと目を見て伝え、ほかのところでは視線を和らげるよう
にすると、効果的なアイコンタクトになります。使いどころを見
極めて、適切に活用するのが肝心です。

ポイント

目を見て説明すると、説得力が増し、聞き手の関心を引きつけること
ができ、さらには反応を読み取ることができる。

相手にどうしてほしいのかを最初に話す

今から話す内容の
大枠と目的をまず伝える

具体的なことから話しはじめない

　説明する際、見出しとなる大枠を伝えてから、具体的な内容を話しはじめるのが基本です。ところが、それができていないケースは多々あります。

　以下のやり取りを見てみてください。

部下「課長、ご相談したいことがありまして。今お時間よろしいですか?」

上司「いいよ。第1会議室が空いているから、そこで話そうか」

……

上司「それで、相談って?」

部下「はい。うちの班で進めていた新商品開発プロジェクトですが、方向性や内容がある程度まとまりました。まずターゲット層は30〜40代のビジネスパーソンで、健康志向の流れをくんで低糖質・低カロリーのお菓子を開発したいと考えています。また価格帯は……」

上司「ち、ちょっと待って。とりあえず、何の相談なのかな?僕は何をしたらいいの?」

　部下がいきなり具体的な説明をはじめたことで上司は戸惑っています。なぜなら、**何の説明なのか、相手にどうしてほしいのかを伝えられていない**ためです。わけのわからない状態で具体的な説明をされても、情報が頭を通り抜け、蓄積していきません。これでは、説明がムダに終わってしまいます。

　説明の最初に、相手にどうしてほしいのかを伝えましょう。具体的な内容はそのあとです。

説明には種類がある

　また、**相手にどうしてほしいのかを示すことは、説明の種類を明確にすることと同義です**。その種類には、承認を得るための説明や、協力を仰ぐための説明、報告のための説明などがあります。

　今回挙げた例の場合、プロジェクトへの意見を求める説明をしたいのでしょう。それならば、「**プロジェクトへのアドバイスをお聞かせ願いたいです**」と最初に伝えます。そのあと細かい内容を伝えていくことで、上司は説明を聞きながら改善できるところはないか探し、最終的に部下に的確なアドバイスを施すことができるのです。

　聞き手にとって、話の全体像をあらかじめつかんでおくことはとても大切です。**相手の目的や要望を知ることで、それに応えようという意識が生まれ、説明を聞く準備が整います**。

　話の大枠と目的を伝えてから、具体的な内容を説明していく。この流れを念頭に置きましょう。

ポイント

説明の種類となる、相手にどうしてほしいのかということを最初に伝える。具体的な内容はそのあと。

話したいことはひとつだと事前に伝えよう

話したい話題の数を
先に伝えておく

話はひとつだけだと強調する

　実際に説明をするとき、あなたはどんなふうに話をはじめていますか？　話の切り出し方として、相手に「話を聞いてもいいかな」と思わせる有効なテクニックがあります。

　それは「ひとつ、お話したいことがあります」と伝えることです。これを言われた相手は「ひとつだけならすぐに済みそうだな」と思うため、スムーズに話を聞いてもらえます。

　話したいことがひとつだと伝えることは、比較的すぐに話が終わると提示しているようなもの。つまり、数を伝えてだいたいの説明時間を相手に把握してもらうのです。相手にも都合があり、時間は限られているので、最初に全体像をつかんでもらうことは話を聞いてもらう側として行うべき配慮と言えるでしょう。

話題が次々出てくると混乱する

　いつも話が、ひとつの話題だけで終わるとは限りません。**話したいことが複数ある場合**もあるでしょう。そういうときはいくつか話したいことがあるということを伝えずに、話をはじめてしま

うという人もいるかと思います。ですが、これでは相手が混乱してしまう可能性があるので注意が必要です。

　では、話したいことがいくつあるか伝えない場合と伝える場合を比較してみましょう。まずは伝えない場合から見ていきます。

　「今お時間よろしいですか？　企画書が出来上がりましたので、ご確認お願いします。それと、こちらの書類にご捺印いただいてもいいですか？　お借りしていた資料もお返ししますね」

　こう矢継ぎ早に話されると、聞き手は慌ててしまいます。**たいていの人は、話はひとつで終わると考えるもの**。次から次へと話題が飛べば、話が頭に入ってこず、うまく対応できません。

　次に、話がいくつあるか伝える場合を見ていきましょう。

　「お話したいことが3つありまして、今お時間よろしいですか？まず、企画書が出来上がりましたので、ご確認お願いします。加えて、こちらの書類にご捺印いただいてもいいですか？　あと、お借りしていた資料もお返ししますね」

　伝えない場合と比べると、かなりわかりやすい説明になったと感じませんか？　このように、**最初に話したいことがいくつあるか提示すると、相手は聞く心構えができます**。さらには数字を最初に示すことで、あとに続く複数の本題に順番が生まれ、自然と話にまとまり感が生まれるのです。

ポイント

話したいことがいくつあるか事前に伝えておけば、聞き手を混乱させずに済む。

相手の反応パターンを複数想定する

反応に対する準備で
いい結果に導く

反応を予想しておけば結果を修正できる

　説明というのは、その取っかかりとなる入りの部分や、主軸の中身を充実させるだけでなく、**説明を終えたあとのことにも考えをめぐらせる必要があります**。説明をしたらどんな反応が返ってくるか、ある程度予想しておくと、その後の展開をスムーズに運ぶことができるでしょう。たとえ期待していたのとは違う反応が返ってきたとしても、そのケースを予想してさえいれば、ちゃんと見合った対処を行うことが可能です。

　たとえば、商談で取引先の承諾を得たいとします。しかし説明後、先方は首を縦に振ってはくれませんでした。期待していた反応を得ることができなかったのです。

　こういう場合であっても、承諾を得られなかったときの代替案を用意しておけば、そこで商談を終わらせずに次の展開へ持っていくことができます。**悪い結果を、よりよいものに修正することが可能というわけです**。

　いかなるケースも予想しておくに越したことはありません。いい反応も悪い反応も想定し、対策を練っておきましょう。

質問を想定しておく

　期待する反応が得られるかに加えて、**どんな質問をされるかも予想しておくことが肝心です。**

　いくら細かいところまで説明していたとしても、聞き手が関心を抱けば、そこからさらに深く内容を掘り下げてくることは考えられます。「これくらいでいいだろう」という浅い意識では、十分な準備が間に合わず、いざというときに対応しきれない場合があるので注意しましょう。

　よくある質問として考えられるのは、違うケースだとどうなるかという質問や、特定の内容をより詳しく知りたいという質問、こういう解釈で合っているかという質問です。

　「聞かれそうだな」とすぐに思い浮かぶ質問には、回答を準備しておくべきです。それに加えて「もしかしたら聞かれるかも」という質問を想定し、関連事項を調べたり、必要な資料を集めたりしておくと、たいていの質問には対応できるはずです。

　とはいえ、**答えられない質問があっても問題ありません。**なかにはかなりイレギュラーなことを聞いてくる人もいます。予想可能な範囲で、少しオーバーな程度準備しておけば大丈夫です。

　質問に対する回答は、聞き手が最終的な判断を下すための材料となります。いい反応をもらうためにも準備をしっかりしておき、説明に際して心に余裕を持ちましょう。

ポイント
相手の反応や聞かれそうな質問をできる限り予想し、準備しておくことで、よりよい結果を収めることができる。

相手にどう関係しているのかを伝えよう

関心度を高めれば
聞く姿勢が変わる

自分に関係のある話は聞きたくなる

　多くの人は、自分に関係のない話をわざわざ時間を割いて聞こうとはしません。関係のないことには関心が向かず、そこに使う時間をムダに感じるものです。

　たとえば、以下の①と②のように、上司から声をかけられたとしましょう。

---

　①「この前の企画会議、いい案ばかりですごく盛り上がったみ
　　　たいだね」
　②「あなたが発表に参加していた企画会議、いい案ばかりで
　　　盛り上がったみたいだね」

---

　①と②、どちらの言い方で話しかけられたら、より関心を引かれるでしょうか。おそらく、②のほうが話に加わりたくなる、という人が多いのではないかと思います。

　どちらも主軸となる内容自体は一緒ですが、①は単に企画会議が盛り上がったことを提示しているのに対し、②は「あなたが発表に参加していた企画会議」と、あなたと話題の関係性を提示し

ています。同じことを伝えるにしても、言い回し次第で相手の受け取る印象は変わるのです。

　話に興味を持ち、積極的に聞いてもらいたいと思うならば、その内容が相手に関係するものであるということを示す必要があります。また話との関係性が濃いほど、相手の関心度も高くなるため、どの程度かかわりがあるのか見極めることも肝心です。

関係性を伝える表現はさまざま

　話が相手に関係のあるものであることを伝える表現は、さまざま考えられます。ここでは、とりあえず覚えておくと便利な2つの表現を紹介していきます。

　まず1つ目は、**相手の興味を念押しする表現**です。相手が何に興味を持っているか知っている場合に使用できます。たとえば、「気になってると言っていたIT分野のセミナーがあるみたい。一緒に参加しようよ」と言えば、自分の興味のあることなので当然関心度は高まります。

　2つ目は、**相手に関係を思い出させる表現**です。たとえば、「以前Aさんが開発に携わっていた商品について、今回のプロジェクトの参考にお話を聞かせていただけませんか？」と伝えます。Aさんが過去に関係していたことを提示し、そのことを思い出させ、話題と自分が関係していると理解させます。

　このように、「自分に関係のあることなんだ」と相手に思わせる表現を心がけましょう。

ポイント

話が相手にどう関係しているのかを伝えれば、相手は関心を抱き、話を聞きたくなる。

相手が話を聞く気になる3つのポイント

相手が聞く姿勢になる
工夫を凝らした話し方

キーワードで聞く気にさせる

　これまで、念入りに準備したうえで、説明に臨むことが大切だと解説してきました。同様に、聞き手側にもこれから話を聞く準備を整えてもらうことが大切です。しかし、これは聞き手が自主的にやってくれるものではありません。話し手が誘導して、これから話を聞こうという態勢に入ってもらう必要があります。

　この態勢を整えさせるには、**これからする話がいかに重要かを相手にわからせることが肝心です**。重要性が伝われば、相手は「ちゃんと聞かなければ」という気持ちになり、自然とこれからする話に耳を傾けてくれます。

　相手に話の重要性を伝える方法は主に３つです。

　まず１つ目は、**重要だとわかるキーワードを入れる**こと。たとえば「今週末が締め切りの書類で、確認していただきたいところがあって」と話しかけると、相手は「今週末が締め切り」というキーワードに重要性を感じ、一気に話を聞こうという気になって

くれます。どんな話を切り出す場合でも、このキーワードにあたる部分ははっきりと相手に伝えることが肝心です。

普段と違う話し方で重要性をほのめかす

2つ目は、**話し方を変える**ことです。

いつも通りの調子で話すのではなく、少し変化を加えます。普段の話し声が大きい人なら、あえて小さめの声で話しかけたり、ゆっくり穏やかに話す人なら、早口気味で焦っている感じを出しながら話したりすると有効です。

いつもと様子が違えば、相手は「何かあったのかな」と思います。切り出された話に重要性を感じ、作業中であっても一旦手を止めて、話を聞く態勢に入るはずです。**普段とのギャップを意識して、いつもと違う雰囲気を演出してみるとよいでしょう。**

表情で重要性を伝える

3つ目は、**表情をつくる**ことです。**視覚的な要素は、相手にわかりやすく重要性を知らせることができます**。真剣な眼差しで話しかけられれば、相手も無碍にはできません。きちっとした表情で相手の関心を引き、話へと引き込むのが得策です。

これら3つの方法を活用すれば、話の重要性をアピールし、それによって相手の聞く態勢を整え、これから話すことへ集中を高めることができます。

ポイント

キーワードを盛り込み、話し方で普段とのギャップをつくり、真剣な表情を見せることで、相手は話を聞く態勢に入る。

「　」で相手の心に響く表現を用意しよう

話を聞いてもらうには
自分の言葉であることが大切

情報には3種類ある

　人が話す情報には、大きく分けて3つの種類が存在します。

　ひとつは、自分で見聞きした情報です。あることを実際に自分で経験し、その際の様子やそこから得た学びを伝える場合がこれにあたります。いわゆる、経験談です。

　もうひとつは、人から聞いた間接的な情報。自分は実際に経験しておらず、経験者に聞いた話をほかの人に話す、というような場合にやり取りされているのがこの種類です。

　最後のひとつは、一般的な情報です。世間一般に浸透している常識や周知の事実がこれにあたります。

　これら3つの情報は、いずれかに偏りすぎず、バランスよく使い分けることが大切です。自分の経験談を話しすぎると、自分のことしか考えていないように思われてしまいますし、人から聞いた話や一般的な話をしすぎると、逆に自分の意志がない、流されやすい印象を持たれてしまう可能性があります。

　状況によって、どの情報を出すべきなのかは異なってくるため、それぞれの特徴を理解し、適切に選び取りましょう。

自分で見聞きした情報

バランスよく
使い分けることが大切

人から聞いた間接的な情報

一般的な情報

経験者の言葉には重みがある

いざ何かを決断をしたり、物事の重要性を伝えたりする場合は、1つ目に紹介した経験談が最も重宝されます。

例を挙げると、ほしい商品があるとき、多くの人は口コミをチェックして実際にその商品を購入した人の言葉を頼りに、購入するかどうかを決めます。また、利用するか迷っているサービスがあれば、そのサービス内容だけでなく、実際の利用者の声を参考にすることがあるはずです。ニュース番組でも、事件や災害が起こると、キャスターが現地に向かって実際の状況を自ら見聞きして視聴者に伝えるというのは、よくある光景です。

経験者の語りには、その人からしか得られない言葉が含まれています。**ほかの人の言葉を引用したのでは感じられない、重みがあるのです。**文章中だと、経験談は「　」のなかで語られることが多くあり、こういった特別な言葉は相手の心に響きます。

話にそれを盛り込めば、物事の重要性を効果的に伝えられますし、話し手にとっては決断の際の参考にもなるでしょう。話の内容に、ほかの言葉にはない強いメッセージ性をもたらすことが可能であると言えます。

ポイント

自分で実際に見聞きして得た言葉には、聞き手の心に強く響くメッセージ性がある。

聞き手を引きつける新鮮な情報を加える

有益な情報だと
相手の対応が変わる

聞き手へのお返しを用意する

説明しているときというのは、聞き手の時間をいただいている状態です。聞き手には、話を聞いてもらいたいというこちらの都合につき合ってもらっています。

こう言うと、説明が一方的なもののように感じますが、**何かお返しとなるような有益な情報を伝えると、相手にとってもプラスなものになるでしょう。**

そのためには、相手がどんなことに関心があり、どんな情報を欲しているのか、事前にリサーチしておく必要があります。関心のあるテーマがわかれば、収集する情報の幅を絞り込むことができ、何を説明にプラスするか選択しやすいはずです。

ほかでは知れない新鮮味のある情報を与える

では、具体的にどんな情報なら相手にとって有益なのか、ここで確認しておきましょう。

相手が知って得をするのは、新鮮味のある情報です。知らなかったことを知るとき、それは相手にとって新たな発見となりま

す。今まで触れることのなかった情報を付与すれば、相手は自分になかった視点を獲得できるのです。

　具体的には、最新情報や最先端の情報はもちろんのこと、マイナーな専門知識や他分野の知識なども、新鮮味のある情報として受け取られます。

情報の集め方

　相手の関心ごとを知れたら、次は情報の収集に移ります。新鮮味のある、相手の知らない情報を見つけるのはなかなか骨が折れそうだ、と不安に思う方もいらっしゃるかもしれませんが、ちゃんと有効な手段があるので大丈夫です。

　マイナーな情報を知りたい場合は、専門誌や業界紙をチェックするといいでしょう。特定の分野に特化した内容になっているため、そこまで知る人の多くない情報にめぐり会うことができます。一点に集中した深い知識を得られるのが特徴です。

　違った視点からの情報を得たい場合は、有名人の言葉を調べたり、海外の文献やサイトを閲覧したりするのがおすすめです。思わぬ気づきや、海外だからこそのアイデアを享受できるでしょう。

　こうして集めた情報は、忘れず話に入れ込んでください。相手にとって役に立つ情報を伝えることができれば、「この人の話を聞いてよかった」と思ってもらえるはずです。そしてそれが実を結び、相手との関係が良好に保たれ、その後へとつながっていくことも考えられます。

ポイント
話を聞いてもらうお返しに、相手が知って得をするような新鮮味のある情報を提供する。

どうすれば「よくわかる」説明になるか

話を理解できている感覚を
相手に持ってもらう

伝わりやすさは4段階に分けられる

　説明の伝わりやすさを判断するひとつの手として、情報の付加の度合いに注目する方法があります。具体的には、以下の4段階にランクを分けることができます。ランクの低いほうから①→④の順番です。

---

①あいまいな説明
②はっきりした説明
③はっきりした説明＋はっきりした意味
④はっきりした説明＋はっきりした意味＋はっきりした解釈

　たとえば、「業績がいい感じです」という説明をしたとして、これは4段階のうちの①にあたります。どういい感じなのかはっきりせず、あいまいな情報しか伝えられていません。これを改善して②のランクに上げると、以下のようになります。

「業績が安定しています」

---

　①よりも、どんなふうにいいのかがはっきりし、わかりやすい説明になりました。いい感じとはつまり、業績が安定しているということを示していたのです。これを次の③の状態にすると、以下のようになります。

> 「業績が安定しています。業務の改善で各店舗の作業効率がアップし、総売上が伸びているのです」

　はっきりした説明に加えて、それが何を意味しているのかという情報が盛り込まれています。これは、**話し手が物事を客観的に分析して得た情報であり、正確な事実を伝えるために効果的です**。これをさらに④へと進めると、以下のようになります。

> 「業績が安定しています。業務の改善で各店舗の作業効率がアップし、総売上が伸びているのです。この調子でいけば、さらなる店舗拡大も十分可能でしょう」

　話し手なりの解釈が加わり、内容が充実しました。**「意味」で客観的な事実を、「解釈」で主観的な意見を伝えることで、話し手ならではの分析になっています**。これにより、聞き手のなかでこの話し手が伝えようとしている内容がはっきりとイメージできるでしょう。最初の①よりもはるかに理解しやすくなっており、内容がよく伝わる説明であると言えます。

ポイント

はっきりした説明にはっきりした意味と解釈を加え、伝えようとしていることを理解できる感覚を聞き手に与えよう。

デキるビジネスパーソンの
話し方講座 ステップ2

メモを取った話の内容はよく記憶に残っているなと感じたことはありませんか?

上司や先輩に限らず、仕事で会った人との話をメモしておくと、その内容や事実関係をはっきりと認識でき、結果的に質の高い仕事へとつながります。逆に、メモを取らないと話は抜け落ちていき、質の低い仕事になってしまうので要注意です。

また、会議や打ち合わせなどでイスに座る際、ちょっとしたポイントがあります。それはイスに浅く腰かけるというものです。こうすることで次の行動へ素早く移ることができ、レスポンスの早い人になれます。

なお、話し方で注意すべきは、できるだけ否定的な言葉を避けることです。肯定的な言葉を使ったほうが会話の糸口が早く見つかりますし、不必要な論争も起きなくなるので、会議や打ち合わせがスムーズに進行します。

いずれにしても、お互いが気持ちよく仕事の話を進めていくには、"正しい返し"を身につけることが大切です。

メモを取って話の内容をしっかりと記憶し、座り方を意識してレスポンスを早め、肯定的な言葉で相手に配慮していけば、仕事相手に好印象を残すことができるでしょう。

第3章

説明上手がやっている
結果を
得やすくするコツ

求める結果を説明の力で得るためのテクニックがあります。習
得して実践すれば、あなたも説明上手になれること間違いなし。
ちょっとした変化が人生を好転させます。

伝える内容の整理ができて、聞く側のストレスも軽くなる

　一生懸命説明しているにもかかわらず、相手がなかなか理解してくれない。このような状況を解決するのに有効な手段があります。会って話をする前に、**あらかじめ「こんなことを話したいんだけど……」と伝えておく**のです。

事前に伝えたほうがその後の展開がスムーズ

　もちろん、事前に用件を伝えたくないというケースもあると思います。話をした際の反応が知りたい、事前の電話やメールは誤解を生じやすいからなるべく避けたい、旧知の間柄だから事前に話の内容を伝えるなんて水臭い……。理由はさまざまだと思います。ただ、それでも会って話す前に、内容を事前に伝えておくことをおすすめします。これは前もって話しておくことで、話の内容が理解されやすく、事態の進展がスムーズになるというケースが、ほとんどだからです。

聞く側が聞く耳を持ちやすくなる

　なぜ、事前に内容を伝えておくと、話がスムーズに進むのでしょうか？　実は聞く側はむろん、話す側にもメリットがあるの

です。まず、聞く側のメリット。**聞く内容がわかっていれば、事前にある程度の情報を集めておくことができます**。こうすることで未知の内容を一方的に聞かされるという事態を防ぐことができますし、アドバイスをすることもできます。つまり、聞く側にとっても有意義な時間が過ごせるのです。

　話を聞くとは、相手のために時間と労力を割くことを意味します。つまり、聞く側は相手によって時間を抑えられた挙句、一定の労力を強いられるわけです。時間も労力も、できる限り自分のために使いたいのが人情。忙しいビジネスパーソンならばなおさらでしょう。しかし、事前に話を聞いてれば、既知の内容になっているため、割く時間も費やす労力も最低限で済みます。これにより聞く側のストレスも軽減され、聞く耳を持ちやすくなるのです。

伝える内容を精査できる

　次は話す側にとってのメリットを考えてみましょう。ぶっつけ本番で話を伝えるという行為は、非常に難しい作業です。伝えるべきことが多すぎて支離滅裂になる危険性がありますし、予想外の時間を費やして相手の不興を買う可能性があるからです。しかし、**話す内容を事前に伝えておけば、何を伝えたいのか？ が明確になりますし、情報も整理ができて、要点を的確に伝えることができます**。時間・労力の節約になるのと同時に、誤解が生じるという事態を防ぐことにもつながるのです。

ポイント

対面する前に話の内容をあらかじめ伝えておくことが、伝えるべき内容を的確に伝えるための第一歩。

優先するのは、相手が聞きたい結論

話をスムーズに進めるなら
話す順番を変える

　自分の意見・主張を伝えたいと思う余り、支離滅裂になってしまっては元も子もありません。かといって理路整然ならばOKというわけではありません。伝えるには技術が必要になります。そのうちのひとつが「結論」から切り出すことです。

時間がないことを前提に話をする

　「起→承→転→結」もしくは「大前提→小前提→結論」という流れは、内容を相手に伝え、相手を納得させるための理想的手順とされています。しかし、これは会議など時間がとれる席上にあって、文書を基にして話を進めていく場合に限ります。会話で話の内容を伝える場合、疑問符がつきます。

　これは聞く側の事情を考えているとは言い難いからです。懇切丁寧な説明であっても、聞く側は「長いな……結局、何を言いたいんだ」と思うに違いありません。

聞く側は「結論」を待っている

　先ほど示した「起→承→転→結」「大前提→小前提→結論」という流れを見てもわかるように、「結論」が来るのは話の最後で

す。しかし、話を聞く側は話し手の結論を待ちつつ話を聞いています。これがなかなか見えてこないと、「結局、何をどうしたいの？」とイライラした表情で呟かれるのです。

　だからこそ、**話すときは結論から入ることをおすすめします。つまりは、結論→理由→結論という流れです。理由を述べて結論を述べることで、冒頭の結論が説得力を増すのです。**

　聞き手が結論を欲しつつ聞いているのは、詰まるところ「自分は話し手のために何をしてあげられるのか」との思いが根底にあるからです。**話し手の役に立ちたいと思っているからこそ、聞くための時間を割き、労力を費やしているのです。**この点を考えれば、自分が伝えたい結論ではなく、**相手が聞きたい結論を最初に切り出すことこそ相手への配慮になります。**

最も伝えたいことを最初に……

　これは具体的には、相手にどうしてほしいかを先に伝えることになります。指示を仰ぐべき人にトラブルの発生を伝えるとします。「実はかくかくしかじか……」と話を進め、「というわけでご相談に乗って頂きたいと思いまして」と話を締めくくったら、時間のムダもいいところです。こういう場合、相手が最も聞きたい話は、トラブル発生の過程ではなく、相談に乗ってもらいたいという要請です。このあと過程を伝え、さらに結論で補強すれば、聞く側も事態を把握してくれるのです。

ポイント

相手が知りたい結論を最初に伝えれば、聞く側も対応しやすく、その後の展開もスムーズになる。

事実、推測、伝聞の3種を使い分ける

語尾をコントロールして、 話に具体性と奥行きを持たせる

　時系列に過去・現在・未来があるのと同様、情報の系列にも①事実、②推測、③伝聞があります。①は自分が実際に見聞きした事実、②は周囲の状況・情報から推し量ったこと、③は人づてに聞いた内容を指します。

語尾に出る事実・推測・伝聞

　「実は……」「僕は思うのですが……」「聞いた話ですが……」という明確な前振りがあれば、誰が聞いても**事実・推測・伝聞**を区分できますが、実はこの3種は語尾でも表現が可能です。たとえば、次の3つの文章の違いを考えてみましょう。

> A 「鉄道事故があったので、〇〇線利用者は遅れます」
> B 「鉄道事故があったので、〇〇線利用者は遅れるでしょう」
> C 「鉄道事故があったので、〇〇線利用者は遅れるそうです」

語尾が違うと意味が変化する

　Aは「遅れます」は事実を伝えています。事故が起こった路線

を利用していた当事者からの報告を伝える際の物言いです。

Bの「遅れるでしょう」は推測です。該当路線の周囲の路線に乗っていた人が、車内放送などをもとに報告した物言いです。

Cの「遅れるそうです」は伝聞です。駅で客同士が情報交換していたのを聞いて、報告をしている物言いです。

いずれも前振りがなくとも、事実・推測・伝聞のどれであるかが伝わります。**語尾が少し違うだけで意味が変化するのです。**

この３種の語尾を使いこなせるか否かで、説明の奥行きは大きく変わってきます。社会人として組織に属して働くようになると、さまざまな場面で報告を求められます。先の鉄道事故を例に挙げるなら、「14時からの会議、BさんとCさんは鉄道事故のため出られません」と上司に伝えるだけでは、社会人としては今ひとつです。**現実を伝えることは誰にでもできます。大切なのは推測・伝聞を使い分け、あるいは織り交ぜて具体性と奥行きを持たせることです。**

語尾を使い分ける

① 事実　　**② 推測**　　**③ 伝聞**

ポイント

相手に話を伝える際には、事実・推測・伝聞の３表現を駆使して、内容に正確さと幅を持たせることが大切。

正確に伝えるならファクトをもとにして話す

動かしがたい事実こそ、必ず伝えるべき必須の情報

　ウソをついたことがない、という人は皆無でしょう。誰でも複数回はウソをついた経験があるはずです。とくに子どもの頃は、親に叱られるのが嫌でウソをついた経験があると思います。しかし、ビジネスの場でのウソはデメリットでしかありません。

ウソは必ずバレるもの

　人ならば生きている以上、どうしてもウソをつきたくなる場面に遭遇します。たいてい「本当のことを話したら面倒なことになるな」と感じた場合です。つまりは、その場しのぎのウソです。ところが、**世の中とは不思議なもので、その場しのぎのウソが情報源となったことで、想定外の出来事に発展することがしばしばあります。**ここで青くなってもあとの祭り。最終的には問い詰められて、ウソがばれるのです。**ウソは衣服に空いた小さな綻びのようなものです。必ずわかりますし、放置しておけば大きくなり、取返しのつかない事態に発展するのです。**

伝えるべき事実は必ず伝える

　ウソの対局にあるのが事実ですが、この事実を伝えていない

と、結果的にウソをついたのと同じように取られることがあるので要注意です。

　法律の世界では「事実の隠蔽」という言葉がしばしば使われます。これは自覚無自覚を問わず、事実を申告していなかった場合が相当し、場合によっては刑事罰にまで発展します。このような用語があるのは、社会には物事の是非を判断する材料として不可欠な情報が存在するからです。

　ビジネスの場面で考えてみましょう。事実を伝えていなかった場合、相手側から返ってくる反応は、たいてい「聞いていません」「そんな大事な情報なら、先に言ってよ」「今さら言われても困ります」というものです。こういう反応は要注意です。大きなトラブルに発展する可能性がありますし、トラブルに至らないまでも、互いの関係がギクシャクする要因になります。

事実に基づけば正確に伝わる

　事実を伝えないことは、相互の信頼関係に影響を及ぼすだけではありません。物事が正確に伝わらない危険性があります。**事実は動かしがたい現実を指します。ですから、どんなに些細な事実であっても伝えておく必要があります**。でないと情報の空白地帯に想像や憶測が入り込み、物事が正確に伝わらないばかりか、相手がゆがんだかたちで認識してしまう可能性があるからです。**正確に伝えるならファクトに基づくことは情報伝達の鉄則です。**

ポイント

事実とは動かしがたい現実のこと。伝えていなければ情報は正確に伝わらず、ゆがんだ認識が生じやすい。

話を正確に伝えるためにも
話の順序立てを意識する

　文書は一連の情報を用紙に文字で詰め込むことができるため、全体を読んで理解すれば、情報を正確に把握することができます。**しかし、言葉で情報を伝える場合には、文書と違って注意すべき点が多々あります。**

言葉足らずは人を当惑させる

　「言葉足らず」「舌足らず」という文言があります。これは説明不足で伝えるべき情報が十分に伝わり切っていないことを意味します。以下のようなものは典型例でしょう。

　場所はある会議の席上。発言したのは組織の責任者です。発した言葉は最近の業績についてで、「悪化しました」の一言でした。

　業績が悪化したといえば、聞いた人は誰でも「困った」「回復策はないものか」と考えます。責任者は「そこで」と打開策を続けるべきですが、悪化を告げて終わっただけだったらどうなるでしょう。聞く人は当惑するに違いありません。

問題解決のために話はある

　たとえば、「○○で問題が発生しました」で会話が終わったら

どうでしょう。プライベートなら別に構いませんが、一人ひとりが何らかの役割を担っている組織内ではNGです。聞いた側は「どうして？」と思うだけでしょう。ここは「明日、対応策を検討したい」と続けてはじめて話は成立します。「準備を怠りなく頼みます」で終わるのも同様です。ここに「明日、緊急会議を開きましょう」という言葉を補足してようやく話として成立するのです。

伝える順番でニュアンスが異なる

　視覚で把握する文書と異なり、話は聴覚のみで行われます。しかも厄介なことに、言葉はあとからあとから出てきます。**このため話す順番に気をつけないとニュアンスが変わって伝わります。**次の言葉を比べてみて下さい。

> A「開発チーム、解散になるってさ。企画商品の売れ行きが伸び悩んでいるから……、対応を考えよう」
> B「企画商品の売れ行きが伸び悩んでいるから、対応を考えよう。開発チーム、解散になるってさ」

　両方とも言葉の順序が異なるだけで、使っている文言は同じです。しかし、ニュアンスは異なります。前者はチーム解散が前提にあり、今後の身の振り方を相談しているように読めます。対して後者は、企画商品の今後次第では開発チームが解散するように読めます。このように言葉の順序に気をつけないと、意味するところが変わってしまいます。会話で意思疎通する場合は要注意でしょう。

ポイント

文言の順序次第では、伝えるべき内容にニュアンスの異なりが生じ、誤解の要因になるので要注意。

法則 028 相手に話題を振って主導権を握る

後手に回らないためにも、会話の糸口を先につかむ

　世の中に積極的タイプと受け身的タイプがあるのと同様、会話に関しても、自分から発信する人と、相手の発信を受け止めてから話しはじめる人がいます。プライベートならどちらも可ですが、ビジネスシーンで望ましいのは発信者タイプです。

話の方向性は冒頭で決まってしまう

　ビジネスの世界では、事の大小に関係になく、話の流れは会話の冒頭に決まってしまいます。たとえば、営業マンが商品の売り込みで取引先を訪れたにもかかわらず、「何の用事で来たの？」と切り出されたら、あとは適当にあしらわれて本題には入れないでしょう。

　相手の発信を受け止めてから話しはじめるのが倣いになっている場合、相手のペースで話が進んでしまうケースは免れません。**仕事には利害関係がつきもの。相手のペースに巻き込まれるのは、あまり得策とは言えません。**

会話にも主導権争いがある

　たいていの人は「主導権争い」という言葉を聞いたことがあると思います。球技や水泳、陸上競技などスポーツの世界はむろん、

勝敗が関係してくる場面では、必ず使われる言葉です。

　この主導権争いを制すれば、そのあとの展開は制した側の望む方向に進みますが、主導権を渡してしまった側は、その後の挽回に苦しむことになります。結果、相手にズルズルと引きずられる格好となり、相手によほどの失策がない限りは、敗れてしまいます。

　ビジネスの世界も同様です。会話の主導権を失ってしまうと、敗れてしまうのです。

　会話の主導権をとるには、まず、自分から話をはじめることです。受け身になってしまう理由は、「とんちんかんな話題を発して失笑されるのは困る」や、「何を話していいかわからない」など人それぞれと思いますが、実は自分から話しはじめるのは、そんなに難しいことではありません。相手にとって肯定的な話題、相手が関心を抱きそうな話題を振ればいいのです。

話の機先を制する

　たとえば、はじめて取引先のオフィスを訪れたとしましょう。「立派なオフィスですね」と肯定的な内容で口火を切ったあと、「わが社もこんなオフィスで仕事がしてみたい」と話を広げていけば、そのあとのビジネスの会話でもペースをつかみやすくなります。

　「機先を制する」という言葉がありますが、これは自分から先に話を切り出したり話題を提供したりするという意味です。後手後手に回らないためにも、会話の糸口は自分からつかむべく、ビジネスではぜひ意識しましょう。

ポイント

相手にとって肯定的な内容を先に言葉にすることで、会話の主導権を握れば、そのあとの本題も自分の思い通りに進めやすい。

自発的に次のステップを提案する

積極的な言動が
高い評価につながる

　どんなに有能な人であっても、最初から自発的に動ける人はいません。ただ、ある程度の社会経験を積んだら、次は率先して提案する側にステップアップしたいものです。自分から声を上げることで、周囲も「積極的な人」と評価するようになります。

次のステップに自発的にかかわる

　右も左もわからない新人ならば、指示待ちに徹することは致し方ないことです。しかし、**ある程度の社会経験を積んで状況がわかるようになったら、次は自分から動きたいものです。**といっても、具体的プランを立ち上げる必要はありません。たとえば、打ち合わせの終わりなどの節目節目に、

　「次回はいつですか？」

　「この件について確認させてください」

　「今回の件でしておくことはありますか？」

と **「次のステップ」にかかわる提案をするだけでOKです。**

事前にシミュレーションしておく

　「気恥ずかしい」「出しゃばりと思われる」という不安が生じる

のも最初のうち。慣れてしまえば自然に発せられるようになります。しかし、むやみに発言すればいいわけではありません。

　最初のうちは事前準備が必要です。具体的には、仕事や打ち合わせ全体の流れを把握するのと同時に、自分の立ち位置を明確にして、シミュレーションをしておくことです。

　実はベテランになればなるほど、シミュレーションを欠かさずに現場に臨んでいます。打ち合わせならば、流れをだいたい把握したうえで、落としどころまで見据えて臨んでいます。もちろん、すべてがすべてシミュレーション通りというわけにはいきません。しかし、事前準備があることではるかに時間と労力の節約になります。**出たとこ勝負のどんぶり勘定では、時間と労力はいくらあっても足りません。**

打ち合わせの主導権も握る

　自発的に次のステップにかかわることで、自分を有利な位置に置くこともできます。たとえば、堂々巡りの議論。メンバーの誰もがいい加減終わりにして、忙しいのに……と思うことでしょう。そんなとき自分から仕切り直しを提案するのです。

　進展のない議論にムダな時間を費やさずにすむ点、時間の節約にもなりますし、ほかのメンバーからは「リーダーシップがとれる人」と評価されることになるでしょう。組織内における評価が高まることも間違いありません。

ポイント

次のステップを自発的に提案できるようになれば、組織内における評価も、次第に高まっていく。

「私、やりましょうか?」の一言が効く

自分から仕事を志願すれば、ムダが避けられ評価も上がる

　仕事には労力が伴いますから、たいていの人は「楽をしたい」と思うものです。しかし、あえて仕事を買って出るという方法もあります。これには周囲からの評価を上げるばかりでなく、ムダな労力を避けるという効果もあります。

自分で自分に課題を課す

　仕事である以上、誰かが相応の負担を負うのは致し方ありません。皆が「イヤだ、面倒臭い」では仕事が前に進まないからです。こうした場面で効くのが、「**私、やりましょうか**」という一言です。

　これはあらゆる場面で使えます。たとえば、打ち合わせ終了後に、次回まで誰が何を担当してまとめておくか? という場面で、
　「本日のこの件は、私にまとめさせて下さい」
と課題を自分に課してしまうのです。

　自分で自分に課題を課すことは、周囲の評価を上げることにつながります。受け身よりも、前向きな姿勢や積極的な態度を好ましく思う傾向があるからです。

課題を課して危険を回避

　自分で自分に課題を課すことは、自分から苦労を背負いこんでいるように見えますが、自身を守るという面もあります。たとえば、先に例に挙げた打ち合わせ終了後。誰かが何かを担当しなければならない状況でだんまりを決め込んでいると、

　「この件に関しては、○○さんがまとめておいてもらえますか」と課題を振られる可能性があります。こういう事態を防ぐためにも、**機先を制して自分から宿題を買って出る**のです。確かに作業量は増えますが、少なくとも「山のような作業を振られる」「不得意分野を振られる」という危険は回避することができます。

　おまけに自身に課題があることを盾にすれば、余計な仕事を背負いこまずに済みます。課題もないのにイヤだでは周囲の反発は必至ですが、課題がすでにある以上、反発は最小限に抑えることができます。

評価が上がり経験値も高まる

　打ち合わせ終了後でなくても構いません。ありとあらゆる場面で「私、やりましょうか」と、仕事を買って出る価値はあります。経験値が高くなりますし、先輩社員や上司からの覚えもよくなるでしょう。また、課題を買って出ていることで、面倒な仕事を押しつけられなくて済むようになります。

ポイント

「私、やりましょうか」はムダな仕事を追い払い、自分の評価を高める魔法のワード。

デキるビジネスパーソンの話し方講座 ステップ3

商談や打ち合わせなどで、相手の話がまったく整理されていなかったために、あまり理解できなかったという経験はないでしょうか。

相手に「話がわかりやすい」と感じてもらうためには、内容を一旦頭のなかで順序立てて、きっちり整理してから話すということが必要不可欠です。

また、相手に現状を伝えるには、誰が（Who）、いつ（When）、どこで（Where）、何を（What）、なぜ（Why）、どのように（How）、いくらで（How much）の5W2Hを意識することも大切です。これについては法則007で紹介しました。

そして、特に難しい話をする場合は、相手の表情を見つつ、話が通じているかを確認しながら、一文一文をできる限り短く切って進めていくことも有効な方法と言えます。

時には「ここまでの話でわからないことはございませんか？」という言葉を挟んで、相手が理解しているか確認してみるのもいいでしょう。ちゃんと内容が伝われば、お互いの合意形成がよりスムーズになります。

結果的に仕事の効率アップにもつながるので、日頃から心がけておきましょう。

第 4 章

できるだけ短く、
端的に
説明するコツ

長々とした説明にメリットはひとつもありません。わかりやす
さに加えて、時間の浪費を抑えるためにも、簡潔な説明を心が
けることが大切です。

短く伝えるとお互いハッピーに

余計なことは話さないことが大切

　私たちがほかの人に説明をするとき、必ず「わかってしほしい」という願いを込めて言葉を発します。しかし、思いが強ければ強いほど言葉は長くなり、返って逆効果になってしまうことを知っておくべきです。

長い説明はビジネスシーンでは不向き

　「わかってほしい」という思いが高じると、どうしても説明は長くなりがちです。また、「相手ははじめて情報に接するから、何を気にするかわからない」という理由で、むやみに情報量をつめ込むケースも目立ちます。

　プライベートでおしゃべりを楽しんでいるなら、情報量の多いとりとめもない会話もありですが、**ビジネスシーンでは多くの場合、情報量の詰め込みすぎは誤解や混乱を招く要因となります。**聞く側は「結局、何が言いたいの？」と不機嫌になるだけです。

　こういう態度は案外、表に出やすいものです。説明が苦手な人ほど、こうした態度を敏感に感じ取り、ますます説明が下手になっていくようです。これでは聞き手・話し手ともに不幸な状況と言えます。

伝える基本は「長く話さない」

大手企業の経営者や広報の担当者は、マスコミの取材を受ける機会が多いため、専門的な伝え方のトレーニングを受けています。これは一般的には「メディア・トレーニング」と呼ばれる訓練です。学ぶ内容は表現のイロハから応用まで。わかりやすいことはもちろん、相手に誤解を与えない表現技術までを取り扱います。

ここで再三強調されるのは、

「**長く話さない**」

ということです。話はできるだけ短くし、余計なことは話さないのです。

人の集中力には限りがある

伝えるべき情報は伝えなければなりませんが、**伝えるにしても話は短い方がベターです。** 1つひとつの言葉の意味が理解でき、内容がよくわかるからです。

人の集中力も加味する必要があるでしょう。人の集中力には限りがあります。集中できる時間は24時間中、ほんの一握りの時間だけです。これらの点を考慮し、**説明の際には内容と言葉を吟味し、的確かつ短時間で伝える工夫が必要になります。**

ポイント

的確かつ短時間で説明することができれば、内容が伝わり、時間も節約できるので、話し手も聞き手もハッピーになれる。

話し手と聞き手の時間的ギャップを知る

短い時間と思っても
聞く側は長く感じる

話し手と聞き手の間には時間の感覚にギャップがあります。10秒か20秒といった短い時間でも、話し手は短く、そして聞き手は長く感じられる、と差があるのです。

話し手は長く説明したがる

これは両者の思いの違いから来ています。話し手・聞き手とも「内容をしっかりと理解したい」という思いは同じでも、それにかける時間に違いがあります。話し手はわかってもらいたいがために、「より多くの言葉で、より時間をかけて」との心理が働きますが、聞き手は「より少ない言葉で、より時間をかけずに、簡潔にまとまった話を聞きたい」との心理が働くのです。

話し手は自分の思いを優先させがちです。結果として、「短い時間で」と願っている聞き手は聞く気をなくしてしまい、説明が伝わらないということが起きるのです。

短時間で伝えるエレベーター・ピッチ

この話し手と聞き手の時間的ギャップを理解しないと、伝えたい話は、いつまでたっても伝わりません。

　ビジネスパーソンは忙しいものです。責任のある地位にいる人ならば、まさに分刻みのスケジュールです。こうした忙しい人相手に短時間で話をまとめる際に参考になるのが、「**エレベーター・ピッチ**」です。

　エレベーターに乗っている時間は長くても1分程度です。エレベーター・ピッチとは、エレベーターに乗っているくらいの短時間で用件を伝える技術です。

欠かせない事前の準備

　このエレベーター・ピッチを有効に活かすために必要なのが、話し手側の事前準備です。伝えるべき内容はまとまっているか？要点は明確か？　事実関係は明確か？　不要な情報はないか？時系列は整理できているか？…と、自身で検証してみるのです。これはホップ・ステップ・ジャンプの三段跳びの要領で準備します。

　ホップは「伝えたいこと」の絞り込みで、一言に絞ります。ステップは「話の流れ」です。伝えたいことを最小限の言葉で伝える方法を考えるのです。ジャンプは予行演習になります。さまざまな場面をシミュレーションしつつ、声に出して言ってみるのです。不安ならば、説明が上手な同僚や先輩社員に聞いてもらうという手もあります。

　いずれにしても、**事前準備をしっかりするだけで、伝わりにくいという問題の8割は解決します。**伝えたいのに伝えられないとやきもきしている方は、是非ともお試し下さい。

ポイント

聞き手の「短い時間で簡潔に」という要望に応じるためにも、事前準備をしたうえで説明に臨みたい。

6文で伝えれば1分になる

事前の情報整理こそ、
説明を相手に伝えるコツ

　説明が長い人、説明がわかりにくい人には特徴があります。伝えるべき情報と、不必要な情報がごちゃ混ぜとなったまま、本題へと入っていくのです。説明内容を相手に伝えるには、事前の情報整理をする必要があります。

長い説明には不必要な情報が多い

　情報には優先順位があります。**① 絶対に知っておかなければならない内容**、**② 必須ではないが聞いておいて損のない情報**、**③ あってもなくても大勢に影響のない情報**の３種に大別できるでしょう。これらの情報のうち必要なのは①です。②③は不必要な情報と考えていいでしょう。長い説明にはこの②③が多く含まれています。結果、話の中心がぼやけてしまい、聞けば聞くほど何を主張しているのかわからなくなってくるのです。

聞き手の判断基準を考える

　伝え方が下手な人や苦手な人は、「情報量が多ければ多いほど、相手の理解が得やすくなる」と思って、必要・不必要に関係なく情報をつめ込みがちです。

　こういった事態を避けるためには、まずは聞き手の「判断材料」となる情報が何か？を考える必要があります。

　たとえば、あなたが工務店の社員で、作業上、役に立ちそうな工具を店舗で見かけたとします。現場で役立ちそうだなと思っても、勝手に買うわけにはいきません。会社の経費で購入するならば、その妥当性を認めてもらう必要があるからです。

　この際、「会社の経費で工具を購入したいのですが」「別会社の友人もすすめています」「別の店舗では品切れ続出だそうです」「メーカーは信頼のおける○○社です」「スタイルもシャープで」という具合に、情報をだらだらと続けるとどうでしょうか。聞いている側がうんざりしてしまうのは間違いありません。

要点を箇条書きで書き出す

　会社の経費を使うわけですから、上司の関心は「経費を出してまで購入する必要があるのか」という1点につきます。スタイルや友人にすすめられた、という情報は不必要なのです。決裁を仰ぐ場合、この点を踏まえて打診しなければなりません。

　その際に有効なのは、**要点を箇条書きで6文くらいに書き出してみることです。**実は6文というのは複雑な情報でも要点を端的に伝えられ、なおかつ聞き手の負担も少ないという絶妙な長さ・情報量なのです。**6文というのは口頭で1分くらいの長さですし、文書にしても短くスッキリした文体で伝えることができ、理解を得やすくなるのです。**

ポイント
要点を6文くらいの箇条書きで書き出してみれば、舌足らずにならないうえに、ムダな情報も入りにくい。

一文を短く構成する

意識すべきは
短文とサウンド・バイト

　冗漫な物言いや文章は記憶に残りませんが、端的な物言いや文章は、聞き手にとってわかりやすいばかりでなく、記憶にも残りやすくなります。このため話を聞いてもらうためには、説明全体を短くすることに加え、短いセンテンスで話すことが大切になります。

プロの現場は1センテンス1情報

　短いセンテンスで話すことを日常的に実行しているのが、テレビ局のアナウンサーです。彼らの基本は1センテンスにひとつの情報を添える「**1センテンス1情報**」と言われています。

　実例として対比をしてみましょう。まずは、1センテンス1情報ではない場合。

　「今期の業績悪化は、営業部署の士気の低下が最大の理由と思われますが、そもそもこのような事態を招いたのは経営陣の放漫経営が主たる要因であり、今回の人事刷新によって、経営態勢の再構築がはかられると確信します」

　続いて、1センテンス1情報で話した場合。

　「今期の業績悪化は、営業部署の士気の低下が原因です。要因

は経営陣による放漫経営でした。今回の人事刷新により、経営態勢の再構築がはかられると確信します」

　ここではセンテンスが3つあり、各センテンスに情報が盛り込まれていることがわかります。理解のしやすさという点、1センテンス1情報が有利なのは、両文を比較すれば一目瞭然でしょう。

　人の脳は長い文章・文言は理解しづらく、短い文章・文言は理解しやすいという特性があります。説明は長い文章・文言を連ねるのではなく、短い文章・文言を連ねたほうがいい、と言えます。**日常的に放送されているニュース番組などは、短い文言の積み重ねの典型例です。**

意識したいサウンド・バイト

　あなたは「サウンド・バイト」という言葉を聞いたことがあるでしょうか。これは意識的に短いセンテンスで話すことによって印象づけるプレゼン・テクニックです。テレビ局のアナウンサーやニュース番組などでは、このサウンド・バイトを実践しています。サウンド・バイトを活用した文言が記憶に残るのは、伝える側が、聞き手にとってわかりやすいうえに、伝えるべき内容を伝えるのに適した言葉を選択して使っているからです。

　サウンド・バイトは政治の世界でも効果的に使われます。平成13年に貴乃花関が優勝した際、当時の小泉純一郎首相の発した「感動した！」は長年たった今でも紹介される成功したサウンド・バイトのひとつです。

ポイント

説明をわかってもらうためには、常に「なるべく短い文章・文言で、簡潔に表現できないか」という視点を持つことがポイント。

新聞の見出しをイメージして伝える

わかりやすさは
ポイントの言い切りにあり

先の項で紹介したサウンド・バイトは、短い言葉でありながらも、言葉を厳選してイメージ、メッセージ、雰囲気などを端的に伝えることができる表現方法です。だからこそ、わかりやすくて記憶に残りやすいのです。

サウンド・バイトにはテクニックがある

さて、次の2つの文章を比べてみて下さい。AとBではどちらが読みやすいですか。

A「今日の企画会議のプレゼンテーターになっている、2課の平田さんが急病でお休みのため、本日は平田さんのみの予定なので、今日のプレゼンテーションの有無を検討する必要があります」
B「2課の平田さんが急病でお休みです。平田さんは今日の企画会議のプレゼンテーターです。本日は平田さんのみです。今日のプレゼンテーションの有無を検討する必要があります」

是非とも口に出して音読してみて下さい。Aでも情報は伝わることは伝わりますが、文書に切れ間がなく集中していないと意味をつかめません。Bはその点、適当な間があります。明らかにBのほうがわかりやすいと思います。

短いセンテンスでポイントを言い切る

Bのほうがわかりやすいのは各センテンスで、

---

① 平田さんが急病でお休み
② 平田さんは本日のプレゼンテーター
③ 本日のプレゼン予定は平田さんのみ
④ 今日のプレゼンテーションの有無が要検討

という具合に情報のポイントを言い切っているからです。

　サウンド・バイトのテクニックとはまさに、短いセンテンスで情報のポイントを言い切りつつ、これを積み重ねていくことです。つまり、長文を書き連ねるのではなく、短文の連続で文章・文言を構成していくのです。こうすることで説明はより明瞭になり、相手に伝わりやすくなるのです。

お手本にしたい新聞の見出し

　このサウンド・バイトの技術を身につけるうえで参考になるのが、**新聞の見出しです。見出しはすべて端的にポイントを言い切っています。**また、広告のキャッチコピーなども、対象商品の魅力をピンポイントで言い切っています。新聞の見出しや広告のキャッチコピーを意識することで、文章・文言は今まで以上にわかりやすくなるはずです。今後の参考にしてみましょう。

ポイント

サウンド・バイトで重要なのは、ポイントを短文で言い切ること。新聞の見出しや広告のキャッチコピーはお手本になる。

選択肢があれば
話はスピードアップする

　話をしている最中、相手に質問する場面は避けられません。そうしたとき、**漫然と質問するのはやめましょう。回答者が返答しやすいように質問するのが効果的なビジネスの質問方法です。**こうすることで話の内容を実りあるものとし、時間を短縮することができるのです。

2つの質問方法がある

　質問の仕方には「オープン・クエスチョン」と「クローズド・クエスチョン」の2種類があることはご存じでしょうか。

　オープン・クエスチョンは相手に自由に答えさせる質問方法です。あなたは何を食べたいですか？　あなたはどこに旅行したいですか？　あなたは何色がお好みですか？　あなたが今飲みたい飲料はなんですか？　といった類の質問が該当します。どう答えようと相手の自由。回答はまさに無数です。

答える側は二者択一が楽

　これに対してクローズド・クエスチョンは、回答を限定したうえで相手に選ばせる質問方法です。お昼は中華にしますか？　洋

食にしますか？　配色は赤系と白系のどちらがお好みですか？
炭酸入りと炭酸なしのどちらが好きですか？　といった類の質問
が該当します。回答は二者択一あるいはいくつかの選択肢から選
んでもらう形になります。

　さて、**答える側にとって楽なのは、クローズド・クエスチョン**
です。選択肢を提示されているので、直感的にどちらかを選べば
いいからです。ここからわかるのは、「**人は選択肢があったほう
が答えやすい**」という点です。

　実は、この前提は会話にも応用可能です。話の終わり際に、相
手が「どうすればいいのか？」を選択肢として提示するのです。

　具体的イメージとしては、「今回の件に関しては、メンバーを
集めて説明する機会を設けるべきですか？　それともメールの一
斉送信で済ませても差支えないですか？」となります。「どうし
ましょう？」と質問を振るよりは、問われた側ははるかに答えや
すいのではないでしょうか。

好みやニーズを考えて選択肢を設定

　ただ、クローズド・クエスチョンで質問する場合、やみくもに
２択を提示すればいいわけではありません。酒を飲まない人に対
し、ビールと日本酒どちらがいいですか？ではトンチンカンに過
ぎます。**その人の好みやニーズを把握したうえで、選択肢を設定
する必要があります**。それだけ注意が必要ですが、仕事のできる
人ほどクローズド・クエスチョンを活用しています。

ポイント

クローズド・クエスチョンによる質問は、質問者の負担は増えるが、
相手の好みやニーズを素早く把握することにつながる。

意見と理由をセットにする

情報に厚みを持たせて
判断をしやすくさせる

　相手に何かを伝える場合、伝えたいという思いが強すぎると、一方的に主張を述べがちです。しかし、聞き手側にとって意見だけでは、「情報不足」です。意見が生ずるに至った「理由」という情報も必要です。

判断材料は「意見」と「理由」

　話し手は意見・主張を優先しがちですが、聞き手側からすると、主張をまくしたてられても「どうして？」と首をかしげるしかありません。主張だけでは情報が一方通行なのです。聞き手が判断を下すには「理由」が不可欠です。

　理由とは話し手が主張をするに至った経緯や背景です。「こういうプロセスを経て、こういう考えに至りました」というものです。
　ただ、理由を言う際にも、法則033〜035で述べてきた短い言葉で的確にという原則は当てはまります。メリハリもなくだらだらと言葉だけを連ねては、真っ当な理由もそれとは正反対の印象を与えてしまいかねません。しかし、**理由をハッキリと説明できれば、論理的な自己主張のできる人という評価につながります。**

理由を欠いた意見・主張はNG

「理由」を欠いたままの意見・主張は聞き手が判断を下せないばかりか、疑心暗鬼を生じさせます。たとえば、あなたが上司で部下から次のような希望を告げられたとします。

「明日、午前中に休みを下さい」これだけで話が終わったとしたら不安になりませんか？　午前中休んでどうするつもりなんだろう。転職活動でもしていて面接でもあるのかな、といろいろな思いがわいてきます。しかし、「明日、午前中に休みを下さい」のあとに、「歯医者の予約が入っているので……」と理由を添えれば、聞いた側も安心して可否の判断を下すことができます。

納得を引き出すための理由づけ

また、組織内にあって相手を納得させるには、2種類の理由を駆使する必要があります。**ひとつは事情を知らない相手に説明をし、「事情を知った以上はやむを得ない」と納得させる理由**です。責任ある地位の人に対して相談の時間を求める場合、「かくかくしかじかのような状況なので、私たちの一存では判断できないと思います」と理由を添える場合です。話を聞いた側もOKと言わざるを得ないでしょう。**もうひとつは仕事を進めるうえで不可欠と考えられる理由**です。ゴミの分別がきちんとできていないので、あらためて注意喚起をしたいといったケースが相当します。

ポイント
「意見」と「理由」をセットにして語れば、聞く側も納得しやすく、その後のリアクションもとりやすい。

ビフォー・アフターの対比を意識する

効率を高めるためにも、
伝達の意図を明確にする

　言葉で説明をしたにもかかわらず、思い描いていたイメージと異なる結果に終わったということはないでしょうか。話の内容は伝わっていても、自身の意図が伝わっていないと、往々にしてこのようなケースに陥りがちです。

内容と一緒に指示の意図も伝える

　意図とは「心のなかでしようと思っていること」「思惑」「目論み」などを意味する言葉です。「○○の行動にはこのような意図があった」「意図していたのは○○であった」などの使い方をされます。つまり、言葉では表現しきれない心のなかの思いを指します。しかし、この**意図を明確に相手に伝えておかないと、往々にして現実と自分の思い描いていたイメージのギャップに頭を抱え込むことになります。**

ビフォーとアフターを対比させる

　たとえば、「午後に急ぎの案件をスタッフ総出で片づけよう」と考えていたとします。そこであなたが部下たちに出した指示が、「A案件を片づけといて」だとしたらどうでしょう。A案件を片づけ

る理由が不明なのに加えて、時間的期限も設定されていません。

　部下たちは指示された以上、A案件には取り組むでしょう。しかし、あなたが考えていた午後のスタッフ総出に間に合わないことは確実です。しかし、「午後はスタッフ総出でB案件に取り組むから、午前中のうちにA案件を片づけといて」と、自身の意図も明確に伝えていれば話は違ってきます。

　実は仕事のできる人ほど、自身の意図を言葉に出して伝えるようにしています。伝える際に使われるのがビフォーとアフターの対比です。ビフォーとは現状、アフターとは目標です。

　先の「A案件を片づけといて」は現状＝ビフォーを述べたに過ぎません。アフター＝目標は心中にあって言葉として発せられていないのです。対して、B案件を口にした指示は目標が明確に示されています。目標を示されたことで部下は指示通りテキパキと動き、結果、スタッフ総出という意図も達成できます。

アフターがあると動きやすい

　このビフォー・アフターはさまざまな場面で使えます。たとえば、「コーヒーを買ってきてくれる？」よりも、「1時間後に来客があるから、接待用のコーヒーを買ってきてくれる？」と依頼したほうが、部下も動きやすく、接待に足るだけの品を選ぶことができます。このように**アフターを言葉に出して指示をすることで、指示された方も動きやすく、イメージした結果を得やすい**のです。

ポイント

ビフォー・アフターによって現状と目標のイメージを明確にすることで、自身の意図を的確に伝える。

デキるビジネスパーソンの
話し方講座 ステップ4

....

　仕事では会話をスムーズに進めたいと、誰しも望んでいるものでしょう。そのために必要不可欠なのが、ちょっとした雑談になります。仕事に関する会話の合間にこのような雑談が挟まると、潤滑油のような働きでコミュニケーションが円滑になることがあるからです。

　雑談の定番テーマとしては、天気や季節といったものが挙げられますが、これらは月並みな内容だけに盛り上がりに欠けてしまう可能性も。そうならないように、仕事以外の自分の得意分野や相手の得意分野を雑談に持ち込みましょう。より自分のことを知ってもらったり、逆により相手のことを知ったりできるいいチャンスになります。

　また、自分の意見を話すときは客観的事実を先に話してから、自分の意見を述べましょう。そうすることで相手から反応を得られやすくなり、お互いの理解が進みやすくなります。

　そして、相手に具体的な行動を促したいときには、雑談を通して得た相手の考え方や価値観をもとに話を進めます。

　雑談を通して、相手が行動しやすい伝え方を見つけていくのです。

第 **5** 章

より深く
話を理解してもらう
テクニック

せっかく準備して説明するなら、聞き手にはちゃんと話を理解
してもらいたいもの。話し手側の工夫で、聞き手の理解度はぐ
んとアップします。

聞き手のメモが
その先の相手に話を伝えていく

あなたが説明できるのは、直接話をする相手だけです。その相手に伝達役として話の内容を正確に伝えてもらうには、メモを活用するという方法があります。

メモの活用方

メモの活用法には2つあります。

1つ目は、自分がつくった重要事項の箇条書きなどのメモを相手に見せて、情報を伝わりやすくする方法です。資料を用いて、耳と目の両方から訴えかけるということです。

そこで目指すのは、メモそのものやホワイトボードに書いた内容を、聞き手に複写してもらうことです。

2つ目のメモの活用法は、板書や見せるメモがない場合、**聞き手がメモを書きやすいように説明内容を簡潔に話す**方法です。

話す内容を事前に決め、聞き手の聞き取り能力やスピードを見計らいながら、ダラダラとした説明にならないように短くわかりやすい言葉でまとめます。

これは聞き手がメモを取ることに集中したときに、説明を聞き逃すのを避けるためです。

　話すときのポイントとしては、まず主語を明確にしなければいけません。あいまいな表現は避け、専門用語もあまり使うべきではないでしょう。中学生にもわかるくらい、かみ砕いて話すのが重要です。また、テーマは丁寧に1つひとつ伝え、聞き手が理解しているかを確認しながら進めます。

　重要なポイントの説明や想定される質問への回答は、しっかり準備しておきましょう。あらかじめこうした要点がまとめられていると、聞き手に安心感を与えることができ、説明内容への信頼感も上がります。

　こうしたポイントを意識すれば、メモを取りやすい説明ができるはずです。

　聞き手が取ったメモの情報は、その後第三者に伝えられる場合が多いと言えます。聞き手はあくまで最初の窓口で、その先に会議を通してもらうべき取引先の部署や、社内稟議を通す上司の存在があることを忘れてはいけません。

　説明する情報の精度で、その後の営業や取引の結果にも大きな影響が出てきます。説明は、その場にはいない部署や上司を納得させられるクオリティを目指しましょう。

　それを逆算し、説明に簡単なフレーズを入れ込むと聞き手は箇条書きのメモをつくりやすくなり、その場にはいない第三者への伝わり具合もよくなります。

　相手がメモをして第三者に伝えたくなるような、わかりやすい内容の説明を意識するのが重要です。

ポイント

自分がつくった重要事項の箇条書きなどのメモを相手に使わせ、また聞き手がメモをつくりやすいように内容を簡潔に話す。

数字と固有名詞は具体的な説明に欠かせない

印象の違いを補正し
イメージの共有をする

数字と固有名詞の必要性

話し手と聞き手のイメージを正確に共有するために不可欠な情報が「数字」と「固有名詞」です。

この2つを説明に入れると、聞き手は頭のなかで内容をはっきりイメージできるようになり、話を具体的に捉えらえるようになります。

たとえば、会社の案内では「会社は駅の近くです」と説明するより「会社は新宿駅から200mの所にあります」としたほうがわかりやすいですし、商品説明では「連日100個を売り上げるフランスパン」としたほうが、はっきりとしたイメージが持てるはずです。

数字と固有名詞は、人それぞれが説明から受ける印象の違いを補正し、ギャップを埋めるのに役立つ、具体的な説明に欠かせないツールと言えるでしょう。

特に**数字は、内容を客観的に表現できます**。距離や時間、売上高といった量的情報を示すことで、説明の対象をほかと比較することができます。また、時系列に沿った変化を伝えられるようになります。数字を使った説明は、印象のズレを補正するだけでな

く、説得力を高める効果もあります。

　一方、**固有名詞を説明に入れると、内容のリアリティが高まるだけでなく、一種の保証書の役割も果たします**。宣伝などに有名人や有名企業の名前を使うのは、このほかには代えられない固有名詞の効能のためです。

　また、内容をわかりやすく伝えるためのポイントとして、説明中の数字や固有名詞が出てくるところで、聞き取りやすいように話すスピードを落とす。言い終わったら一拍おいてから次に話に進む。この２つを意識すれば、情報をより明確に認識させるのに効果的でしょう。もしこれらが聞き取りにくいと、聞き手はストレスを感じ、その後の話を聞き逃してしまう可能性が高くなるので注意してください。

情報は正確であること

　このように数字と固有名詞を使って説明を具体的にすることで、話し手と聞き手は具体的なイメージを共有でき、信頼関係が生まれます。そのため、**これらの情報は何より正確であることが重要です**。固有名詞を間違えれば失礼なだけでなく、信用問題に発展することもあります。

　また、提示した数字が正確でないと、説明自体が無意味なものになってしまうでしょう。あいまいなときは、あえて使わないほうが賢明です。

ポイント

数字は内容を客観的に表現し、固有名詞はリアリティを高める。この２つにより、話し手と聞き手はイメージを共有しやすくなる。

メモを見せながら話をしよう

話す内容をシンプルに
視覚的なわかりやすさを意識する

　法則039でも触れましたが、自分が書いた重要事項のメモを、相手に見せながら説明する方法は効果的です。

　メモはノートなどを利用して、話す内容をシンプルに、箇条書きにして書いていくのが基本。**覚えきれない情報が整理され、内容の優先順位もわかりやすくなります。**

　また、**時系列に沿って問題点や改善方法などを書いていくと、聞き手に流れをつかんでもらいやすくなるでしょう。**加えて、法則040のようにタイトルや見出し、キーワードに具体的な数字や固有名詞を入れれば、重要性が明確になり、話し手と聞き手がより具体的なイメージを共有できます。

　手順としては、説明しながら聞き手の前でノートを広げてメモを書くこと。また、ホワイトボードを使う場合はこのメモをもとにして板書していきます。

　この際に、記号やケイ線の囲み、矢印などを使って、**言葉では伝えにくい内容を視覚的に補うのがポイントです。**文字は見やすい大きさを意識し、重要な部分の色を変えて書くのもおすすめ。聞き手の注意を引く表現を考えましょう。

メモは書き方が決め手

　メモの書き方で参考になるのは、テレビのバラエティ番組で画面に挿入されているテロップや、報道番組でよく使われる図表を描いたフリップです。

　これらは視聴者の注目を集め、その理解を促すために、扱っている内容や登場人物のセリフ、ナレーションをわかりやすく簡潔にまとめています。このような視覚的なわかりやすさをメモを書くときの参考にするとよいでしょう。

　メモ用のノートの選び方ですが持ち運びやすいサイズが最適でしょう。**一冊に絞っておけば、書かれた内容は時系列に並ぶので過去の経緯を確認しやすくなります。**

　内容はあとで見返すことを考慮して、しゃべったことを長々と書くのではなく、**要点や重要なキーワードだけを書いていきます。**

　聞き手は、そのメモを写し取って持ち帰るわけですから、何を言ってるのかわからない「伝言ゲーム」のようになってしまうのは避けなければいけません。

　普段から、こうしたメモづくりの能力を高めておくと、情報の要点を探し出して整理するスキルがアップし、説明力が上がっていきます。

運びやすいサイズの
ノートでメモを！

ポイント

メモは要点や重要なキーワードだけを書き、視覚的なわかりやすさを
意識する。

メモをとことん活かすならサインペン

サインペンで書かれたメモは
聞き手が見たくなる

筆記用具にもこだわりを

　メモを書くには、どんな筆記用具が最適でしょうか。最近のビジネスパーソンやクリエイター系の人たちが好んで使用しているのが、**メモをとことん活かすことができるサインペン**です。

　サインペンが便利なのは、ペン先が紙に当たった感触が柔らかい、インク色が豊富なので個性的なカラーを選べる、筆圧の弱い人もはっきり読める字を書けるなどさまざま。ボールペンやシャープペンを使う人もいますが、**サインペンの字はよりくっきりと見えるので、資料に書き込んでも目立っておすすめです。**もし細い字が書きたいのであれば、筆記線の太さがほぼボールペンと同じ0.5mm前後という細字サインペンもあります。

　メモを書く際には、ノートなどのページをスキ間なく埋めるのではなく、大きめの文字で余白を残しながら、短いフレーズや箇条書きで書いていきましょう。

　読みやすい文字で書かれたメモは、聞き手や周囲の人も見たくなるもの。メモが書かれたノートはホワイトボードの代わりとも

いえるので、机にいる聞き手全員から見やすくなるように意識しましょう。**サインペンで書く太くはっきりした文字は、印象に残るだけでなく、どの角度からも見やすくなります。**

カラーは青色を選ぶこと

ここで、ポイントがひとつ。**文字の色は基本的に青色にします。**青色は目を引き記憶しやすいのです。黒で書く人が多いかと思いますが、ぜひ青色をメモに活用してみてください。黒にはないよさを実感できるはずです。

何らかの理由で、ほかにも色を使って分類して書きたいときには、カラーバリエーションが豊富なサインペンもあるのでチェックしてみましょう。採点や添削でよく使われる赤は強調したい箇所をマークするにはとても有効です。

また、メモにははっきりとした文字でタイトルを書くと、全体が理解しやすくなります。説明の時系列が一目でわかるように、矢印を用いて内容に順番をつけるのも効果的です。少しの工夫ですが、わかりやすさがぐんとアップするでしょう。

打ち合わせやプレゼンテーションなどで、**説明に使ったメモを参加者全員で共有すると、その内容が参加者全員の共通認識になります**。同時に、それが議事録にもなるため、わかりやすいメモを残すことが大切です。

ポイント

サインペンの太くはっきりした文字は印象に残り、どの角度からも見やすくなる。また、文字の色は青色にするのが効果的でおすすめ。

相手のリアクションを促す3か条

最終的なリアクションで
目的は達成される

　法則002で解説したように、説明するのは、相手に自分の意見を理解してもらうためではありません。説明は手段に過ぎず、**真の目的は相手の「リアクション」**、つまり説明を受けて「行動」や「協力」をしてもらうことなのです。

　これを踏まえると、説明で必要なのは、自分が持っている情報や考えを理解してもらうために一生懸命になることではありません。聞き手のリアクションにつながる方法にフォーカスすることだといえます。

　相手のリアクションを促すときには、以下の3カ条を意識するようにします。

---

① 絶対必要なリアクションを優先して依頼する
② 聞き手の期待感を刺激する
③ すべてを理解してもらうことを目的にしない

　では、細かく見ていきましょう。相手の行動を促す3カ条の1つ目は「絶対必要なリアクションを優先して依頼する」です。

　まず、これから依頼することを「絶対必要な行動」と「やって

もらえればベターな行動」に分類します。このうち、**「絶対必要な行動」のほうを優先し、何をしてもらいたいか具体的にお願いするのです**。こうすることで、聞き手のやるべき行動が明確化し、最終的にその行動を起こしてもらいやすくなります。

2つ目の「聞き手の期待感を刺激する」では、**聞き手がリアクションを起こしてくれた場合の影響や、その後の展開を具体的に伝えることで期待感をふくらませます。**

期待感には、行動を制限する無意識下のブレーキ「メンタルブロック」を解除させる効果があります。メンタルブロックは、誰もが持っている、経験から生まれた思い込みといわれるもの。これを取っ払い、行動しやすい状態にさせることが大切です。

3つ目の「すべてを理解してもらうことを目的にしない」は、話し手の持つ情報や熱意を完全に理解してもらおうとしないということです。

聞き手に理解や共感を求めてしまうのは、単に自分をわかってもらいたいといった感情的な理由がほとんどです。しかし聞き手は、感情に左右されて依頼を受けるわけではありません。たとえすべてを理解できなくても、説明にもっともな理由があり、優先度が高いと考えれば何らかのアクションを起こします。

相手にリアクションしてほしいときには、**共感ではなく具体的に協力を求める**ようにしましょう。

ポイント

「絶対必要な行動」を優先し、その後の展開を具体的に伝える。その際、すべてを理解してもらう必要はない。

相手の反応を見ながら確認する4つのポイント

臨機応変に修正しながら
説明を展開する

　説明をするとき、一方的に話すだけでは、内容が聞き手に伝わっているかどうかわかりません。どんなに準備をしていても、考えていたような成果が得られない場合もあるのです。

　そうならないために、話し手は事前準備したメモやノート、資料にばかり注意を集中するのでなく、**聞き手の反応にこそ意識を向ける必要があります。**

　聞き手の反応が好意的になるように、目や口、手の動きに注目しながら、その場で臨機応変に説明の展開を修正することが大切です。

　仕草や表情は、相手がどれだけ興味を持っているか、どの程度理解しているかを示す重要な指標です。聞き手が無反応になったり、無関心な状態になったりすることだけは避けましょう。

　以下、4つのポイントを確認してください。

> ① 事前リサーチを行う
> ② 聞き手の表情や仕草、姿勢をチェック
> ③ 反応が薄ければ「ご理解いただけましたか」と聞く
> ④ 納得していなければ、一旦話題を変える

　まず、ポイントの１つ目は「事前リサーチを行う」です。**前もって聞き手との受け答えを想定し、想定問答を用意しておきましょう。**聞き手からの質問や反論にしっかり対応することは、信頼を深めることにつながります。事前に調べられる場合は、相手のさまざまな情報を把握して、話題に対してどんな反応をするか予測を立てて説明の場に臨むのです。下調べがあれば、反応を見て説明が効果的に伝わったかを判断することもできます。

　２つ目は「聞き手の表情や仕草、姿勢をチェック」。**相手の反応から感情を読み取ります。**個人差はありますが、目の動きをよく観察するといろいろな感情や法則性が見えてくるはずです。

　３つ目、反応が薄ければ「ここまではご理解いただけましたか」と**言葉で確認します。**これは説明の小休止にもなります。

　説明に対して聞き手が納得していない表情を浮かべていたら、一旦話題を変更し、**関心を持っているテーマの雑談に話題をズラして流れを変えていきましょう。**

　これが、最後４つ目のポイントになります。

説明しながらも、
相手の反応を
よく観察することが大切

ポイント

事前に相手を下調べすると反応が読み取りやすくなる。説明の理解度を確認しながら、臨機応変に説明を進めよう。

「一人称」の数を意識的に増やす

誰の発言かはっきりすると
提案も明確になる

　説明をわかりやすくするには**「一人称」の数を増やす**という手法があります。以下の2点を意識してみましょう。

> ① 一人称（「私」など）を明確にする
> ②「私」としての解決策を提案する

　「アルバイト応募者は真面目そうですが、クセがありますね。ほかの従業員との連携ができればよいのですが。採用するかどうかの結論ですが、候補として残すのがいいかもしれません」

↓

　「アルバイト応募者は真面目そうですが、クセがありますね。ほかの従業員と連携できそうか、「私」が確認してみます。「私」としては候補の一人に残しておくのが無難だと思います」

　この例のように、一人称がはっきりすると、**説明が力強くなります**。

ポイント

「私」などの一人称を明確にすると説明がわかりやすくなる。「私」としての提案は説明を強める効果がある。

「変化」に着目する

時代や状況の変化をテーマに選ぶと興味を持ってもらえる

　人が一番気になるのは、身の回りや世の中の「変化」です。生き物にとって状況の変化は、死活問題にもつながるため、強い関心を持つ傾向にあります。

　聞き手に説明する際も、変化に着目したテーマを選ぶと興味を持ってもらえるでしょう。**特にビジネスシーンでは、時代や状況の変化が重要視されます**。なぜなら、それに応じた新たな対応策を用意する必要があるからです。

　たとえば「IT技術の進歩」や「株式相場」「トレンド」などは、変わり続けるテーマです。

　「市場リサーチの結果、現政権のある政策によって消費動向が大きく変化した」「先月から株式相場の状況が明確に変わりました」「この技術が生まれて市場が急成長をはじめた」と具体的な変化の話題を出されたら、つい耳を傾けてしまいます。

　世の中の変化にアンテナを張り、説明に盛り込むことで、聞き手を話に引き込みましょう。

ポイント

ビジネスシーンは対応策を用意する必要があるだけに変化に敏感。世の中の変化にアンテナを張り、説明に盛り込むことが大切である。

今までと何が違うのかを伝える

時系列上の変化をはっきりとさせることが重要

　聞き手によく伝わる説明をするには、「**これまでの内容**」と「**新しい内容**」**をしっかりと区分け**し、時系列上、具体的に何が違ってきたのかを理解できるようにすることが重要です。

　ミーティングが複数回にわたると、その内容はどんどん変化していきます。その違いを、しっかり把握してもらうのです。

　「**今まで**」「**これから先**」**といったつなぎ言葉を使い、どこからが新しい内容なのかをわかりやすく伝えましょう。**

　「今までは詳細が不明でしたが、現状ではここまでわかりました。そして、これから先は、こう変化すると予想しています」と話すことで、説明のテーマの変化がスムーズに理解しやすくなり、聞き手にストレスも与えません。

　また、時系列がはっきりとした説明であれば、聞き手が会社などに持ち帰って報告するときに、その内容が今までとはどう違ってきたのかしっかり伝えることができます。

ポイント

「今まで」「これから先」などのつなぎ言葉で、「これまでの内容」と「新しい内容」をしっかりと区分けする。

「時間の区切り」を必ず伝える

はじまりと終わりを明確にすることで仕事の効率を上げる

　仕事や勉強をしていて、全然終わりが見えず、うんざりした経験はありませんか。こうなると、モチベーションは下がってしまう一方です。仕事についての説明をするときは、**いつ終わるのか「時間の区切り」を必ず伝えるようにしましょう。**

　こうした説明を最初に聞くのは、多くの場合、その仕事を監督する上司です。時間の区切りを説明できないと、上司は新しい仕事がコストパフォーマンス的に適正なのか、その次の仕事に取りかかるのはいつなのかなどの見通しを立てることができません。

　特にデスクワークの事務処理のような作業は、時間の区切りを配分するタイムマネジメントが大事といえます。

　仕事の報告は、今までの進行がどうなったかを重視しがちですが、**全体を監督する立場の人間からすると、時間の区切りを明確にして、先のことも考える必要があるのです。**

　また、締め切りという軽いプレッシャーがあると、人は効率性を考え、仕事をテキパキ進めるようになります。

ポイント

時間に区切りがあることで仕事に対する見通しが立つ。また、タイムリミットがあることでメリハリが生まれる。

相手の「Yes」を繰り返させて 最終的な「Yes」を引き出す

　聞き手が説明を受けて、つい「Yes」と言ってしまう手法があります。イエス・セット話法と呼ばれる心理的交渉術です。

　これは相手の同意を得やすくする「一貫性の法則」に基づいた話法。こちらからの質問に対して、聞き手に何度も「Yes」と繰り返し答えさせることで、その流れに乗って最終的に承諾を得たいことへの「Yes」を引き出すのです。

　これを成功させるためには、相手がどんな質問になら「Yes」と言いやすいのか、日頃の観察が必要になるので注意しましょう。**潜在的なニーズを踏まえて説明することで、「Yes」と答えてもらえる確率はアップします。**

　この手法は、相手との会話のなかで活用するもの。臨機応変に対応できるよう複数の話題を準備し、さまざまな切り口で「Yes」を引き出すことが必要です。

　そして、最終的にどんな「Yes」をゴールにするのか、事前に明確にしてから臨みましょう。

ポイント

聞き手の潜在的ニーズを踏まえ、「Yes」と答える率を向上させ、その流れで最終的な「Yes」を引き出す。

いい点と悪い点を整理して話す

わかりやすいように
情報を整理すると説得力が増す

　説明がなかなか伝わらないのは、内容がまとまらず、情報整理
ができていない状態だからです。思いついたことを足し算でくっ
つけていく説明では、聞き手も混乱してしまいます。自分が伝え
やすい情報は、相手にとって理解しやすいわけではありません。

　**説明をわかりやすくするためには、いい点と悪い点を分けて整
理して話すことが大事です。**

　たとえば、ある商品を評価する場合――。

　「機能は「いい」ですね。デザインも「いい」です。でも使い
やすさは「悪い」。アフターケアは充実していて「いい」ですが、
耐久性に関しては「悪い」と言わざるを得ないです」

　これではいい点と悪い点が混在していて、何を言ってるかわか
りません。そこで、**はっきりいい点と悪い点を分けます。説明の
最初と最後に「結論」を提示して、いい点と悪い点を挟み込むと、
流れがわかりやすくなるでしょう。**同じ内容でも、どう話すかで、
聞き手を納得させる説得力が増すのです。

ポイント

はっきりいい点と悪い点を分けて伝えると、相手が理解しやすくなり、
納得してもらえる。

デキるビジネスパーソンの
話し方講座 ステップ5

　話していた相手が、自分の話をつまらなさそうに聞いていたために、あまりいい感情が持てなかった……といった経験はありませんか？　その逆に、相手が笑顔で話を聞いてくれたので、もっと積極的に話をしようと意欲が湧いたという経験もあるかと思います。

　笑顔で話をすることや、笑顔で話を聞くことは、相手との良好な関係を築くうえで大切なことです。デキるビジネスパーソンになるために、積極的かつプロフェッショナルな印象を与える笑顔を日頃から心がけてみてはいかがでしょうか。

　ちなみに、以下のようなシチュエーションだと笑顔はより効果を発揮します。

- ・自己紹介や挨拶のとき　・相手の話を聞いているとき
- ・お礼を言うとき　　　　・相手の笑いに同調するとき

　普段から笑顔を絶やさないという人は、世の中には一定数いるものですが、たいていの人は意識しないと笑顔を簡単につくれるものではありません。

　「こんなときは笑顔をつくるんだったな……」と、シチュエーションで覚えつつ、それを習慣化することで、笑顔も上手な話し方名人になれること請け合いです。

第 **6** 章

意識するだけでできる
誤解を防ぐ方法

説明の内容を、聞き手が勘違いしてしまうことは考えられます。
とはいえ、ちょっとした意識でこちらの意図を正しく認識してもら
うことができるようになります。本章ではその方法を解説します。

沈黙は誤解のもと

コミュニケーション不足が
双方の認識の違いを生む

伝えるべきことをきちんと伝えること

「納期が遅れる理由をもう一歩、突っ込んで説明すればよかった」などと、相手と別れたあとで後悔することはありませんか。伝えるべきことを伝えないままというのは、問題に発展する可能性の芽を残している状態。とりわけビジネスにおいて、非常に危険な状態です。

伝えるべきことを伝えない = **沈黙** ➡ 相手に誤解を与える

顧客との打ち合わせや商談といったものだけではなく、社内の上司や同僚などとのやりとりも含め、コミュニケーションのよし悪しで商談の結果や、仕事の円滑さにも影響が出ます。伝えるべきことを伝えなかったばかりに先方の誤解を招き、トラブルに発展することも起こり得るでしょう。

自分自身が相手とのやりとりで、何か誤解が生じたケースを思い出してみてください。**業務の進め方で不一致があった、相手との認識の違いがあったなど、誤解が生まれる土壌にはどこかの段**

階で必ずコミュニケーション不足が存在します。説明不足の自覚がなくても、知らず知らずのうちに相手に誤解を与えることもあるため、対策を知っておくことが大切です。

会話のなかで違和感があれば、質問や確認を

　自分が誤解しないためには、相手の言うことに違和感を覚えたら「○○とおっしゃいましたが、これでよろしいですね」と内容を確認したり、質問をしたりすることが大切です。これを怠ると、誤解が発覚した場合に「どうしてあの場で黙っていたのですか？質問していただければ回答しました」などと相手の怒りを買い、関係性にヒビが入りかねません。

　逆に、相手に誤解を与えないためには、伝え忘れたと感じたらその場で「お伝え忘れがあります」と切り出して説明を追加するようにします。散会後の場合は、**メールや電話で必ず伝えることです。黙っていれば誤解が生じる、と肝に銘じておくといいでしょう**。
　また、ビジネスパートナーが日本人以外の場合に注意したいのは、沈黙に対する評価の違いです。質問に答えられなかったり、答えにくい内容だったとき、日本人は面と向かって拒否することを避けるため、黙ってしまうケースがあります。しかし、欧米人からすれば、沈黙は侮辱されたことと同等と感じる可能性が。こういった場合、答えられないことを率直に告げるほうが無難です。

ポイント

相手の言うことに違和感を覚えたら、内容を確認したり、質問をしたりすること。伝え忘れは、その場で説明を追加する。

一気に話さず、ひと呼吸入れる

話に区切りをつければ
相手からの反応も得られる

話すテンポの重要性

　セールストークやプレゼンなどで、ここぞとばかりにまくし立ててしまう人がいます。一般的に、人は大事なことを伝えようとすると、必死になって一気に早口で話し続けてしまいがちです。

　しかし、**相手にきちんと伝えねばならない場合、伝わりやすい口調を意識したり、話すスピードに気をつけたりすることが大切。先走る気持ちを抑えて、うまくコントロールする必要があります。**

　対策として有効なのは、ひと呼吸入れることです。これが有効な理由としては、以下の2つが挙げられます。

---

①聞き手が反応するタイミングになる
②話の流れを確認することができる
→プレゼンや説明をする際、余裕が生まれて緊張がほぐれる

　まず、ひと呼吸入れると、聞き手がリアクションできる間ができます。会話の場合なら、相手から反応があって話題が広がったり、深い内容を伝えたりできるきっかけになるかもしれません。

　さらに、自分が伝えてきた内容を振り返って確認できます。も
し一気に話し続け、語りたいことを思いのままに伝えていれば、
「何を言いたいのか、理解できなかった」という感想を持たれて
しまうでしょう。これでは説明上手とは言えません。ですが、**ひ
と呼吸入れることで自分自身の話を確認しながら説明でき、次に
言うことの調整もできます。**

　次に、どんなときにひと呼吸入れると効果的か見ていきます。3
つのタイミングを意識しましょう。

---

① 重要なことを伝える直前
② 緊張している自覚があるとき
③ 話すペースを落としたいとき

　ひと呼吸入れると静寂が生まれるため、聞き手は「なんだろう」
と関心を向けます。すると、注目している分、聞いたことが印象
に残りやすくなります。重要な内容の前にひと呼吸入れること
で、聞き手にその内容を強く印象づけることができるでしょう。

　また、プレゼンなどで話し手が緊張していると、聞き手もその
緊張が気になり、話の内容が入ってこなくなります。それを防ぐ
ためにも、話し手がひと呼吸入れることをおすすめします。

　加えて、話し手が早口になると、聞き手は話を理解するのに懸
命になり、疲れてしまいます。ひと呼吸おいて周囲を見回すなど
すれば、聞き手の状態を確認できますし、自分のペースを取り戻
す助けにもなってくれるはずです。

ポイント

話したいという熱意を抑えて、話す早さなどをコントロール。適切な
ところで、ひと呼吸入れると話の伝わりやすさが増す。

自分のリズムを守る

緊張感とうまくつき合い、自己をコントロールする

人前では誰でもあがるもの

「大事な商談で頭が真っ白になった」「プレゼンでしどろもどろになって焦った」など、プレゼンやスピーチでの失敗談は、多くの人が持っていることでしょう。演説で聴衆を魅了するような政治家や実業家も、ときには緊張状態に陥ってあがってしまう場合があると聞きます。

「人前で話すときにあがること」は誰もが経験する自然な反応だと、まずは認識しましょう。

しかし、スピーチがうまい人たちは、あがらずに余裕で話しているように見えます。そういう人たちは緊張感とうまくつき合い、あがったとしても自己をコントロールすることによって見事なパフォーマンスを発揮できているのです。

過度な緊張は仕事のパフォーマンスを低下させてしまいますが、適度な緊張は集中力を高めて、仕事の効率を向上させることにつながります。「あがったら、どうしよう」と心配するのではなく、緊張感をどうコントロールしようかと、前向きに捉えることが大切です。

緊張感のコントロール法

　緊張感をコントロールするには、いかに自分のリズムを守るか
が重要になります。

・否定的な反応があっても動じない

・相手に合わせる必要はない

・コンプレックスを逆手にとる

　一対一の商談などの場合、強く否定してくる相手もいます。ネ
ガティブな言葉をかけられて落ち込むかもしれませんが、叱責や
個人攻撃ではないので真正面から受け止めないこと。あくまで仕
事のうえの反応だと割り切って、落ち着いて対処しましょう。

　また、相手のペースにつられてしまい、自分のリズムを崩すこ
ともあります。リズムを崩すと、説明する内容を忘れたり、滑舌
が悪くなったりします。**相手に合わせようとするのではなく、自
分のリズムを保つことに意識を向けるように心がけてください。**

　そして、苦手意識を持っていることをあえて提示してしまう方
法もあります。たとえば「テキパキと話すのは苦手ですが、丁寧
に説明いたします」などと話し、自分のリズムでゆっくりと説明
を行うのです。無理して早口で話すより、このほうが相手も聞き
やすく、好感度アップも期待できます。

ポイント

スピーチなどであがらないようにするには、自分のリズムを保つこと
で緊張感とうまくつき合う。

話の要点を自信を持って言い切る

「要点は3つ」のように
最初に話の全体像を示す

確実に伝えることが大事

　説明するときに忘れてならないのが、相手に確実に伝わっているかという点です。確実に伝わっていなければ、誤解や行き違いなどが生まれ、大きな問題に発展することもあります。

　では、確実に伝えるというのは、どういうことでしょう。それは、聞き手が内容を誤解せずに「わかった」と納得し、話し手が伝えたい重要事項を記憶している状態です。

　そのために必要なのは、最初にこれから話す今回の内容の要点をまとめて伝えること。「これから○○について説明します。その要点は3つです」といったように、話の全体像を示すことからはじめましょう。

　聞き手にとっては「今日の話は3つの要点を押さえればいいのだ」と、聞くべき要点がはっきりするので、あらかじめ心の準備ができます。一方、**話し手にとっては相手が聞く態勢に入ってくれるので、話の中身が浸透しやすく、重要事項を効果的に伝えられる素地ができます**。聞き手と話し手の双方にとってよい状態がつくれる、というわけです。

自信を持って言い切る

要点を３つにするのは、主に次のような理由があります。

・２つでは物足りなく感じ、４つ以上では覚えきれない
・そもそも「３」はまとまりのいい数字

確かに、５つや６つの要点を覚えようとしても、そのうちの２つ、３つは忘れそうです。４つでは収まりがよくない気がしますし、２つでは見落としがあるのではと心配になります。そんななか、３は絶妙なバランスを持ち、ポジティブな印象を持ちやすい数字だと言えます。

また、３は「早起きは三文の徳」といったように故事成語、慣用句などで使用されています。世界は縦・横・高さの３次元、物質の状態は気体・液体・固体の３つで、時間は過去・現在・未来の３つの時制など、あらゆるところに姿を現す３。三大文明など、まとまりよく物事をパッケージするのにも向いている数字です。

このように３は説得力を持つ数字ですが、実は要点は３つではなく、２つや４つでも構いません。それよりも「３つです」と自信を持って言い切るスタンスで、重みのある言葉を語ることこそが重要です。**聞き手は自信のない言葉を感じ取り、話の内容にも不信感を持ちます**。説明するために念入りに行った準備や、話の中身に自信を持つことで説明力が発揮されるのです。

ポイント
目指すは、「３つです」と自信を持って言い切るスタンス。そして、重みのある言葉を語ることが重要。

あいまいな表現は
勘違いされる原因になる

　自分の話している内容を誤解されるのは、はっきり伝えていないために起こることがほとんどです。たとえば会話中に、「まあ」「そのような感じで」「だいたいのところ」などの言葉を使っていないでしょうか。

> 「とりあえず、まあ今のところ大丈夫なので……」
> 「そのような感じで、この製品が完成しまして……」
> 「データでわかるように、だいたいのところ作業が進展……」

　いずれの文章も具体的なことが伝わらないため、何が言いたいのかわかりません。こういったあいまいでお茶を濁すような表現は、聞き手が理解できなかったり、勘違いしたりする原因となります。
　集中している聞き手の場合はいいのですが、なんとなく聞いていたり、自分のことだと思わずに聞き流していたりという状況も多くあります。そのようなとき、聞き手と話し手で相互理解ができていないため、誤解が生じて話の食い違いや後々トラブルに発展するケースもあるので要注意です。

　お茶を濁すような表現が習慣化していることもあります。口ぐせでつい出る場合もあるので、以下のような対策を講じるといいでしょう。

---

①録音して確認する
②口ぐせを意識して話す
③周囲の人に指摘してもらう

　スピーチの練習などで自分の話を録音したら、どんなふうにしゃべっているかチェックしてみてください。**気がかりな口ぐせがあれば、それを使わないように意識して話すことを習慣づけていきます**。ほかにも、家族や友人などの周囲の人たちに、なくしたほうがいい口ぐせの有無を聞き、無意識に使っていたら指摘してもらうという手もあります。
　ところで、「まあ」という言葉はあいまいで明言を避ける場合や、その場を取り繕ってうやむやにするイメージがあり、聞き手によい印象を与えません。しかし、以下のような場合はどうでしょう。

「わかりました。まあ、大丈夫でしょう!」

　このように力強い言葉で締めくくることで、信頼度が大幅にアップ。ただし、普段から「まあ」をあいまい表現で多用していると効果は半減してしまいます。そのような人は、まずは気になる口ぐせを直すことが先決です。

ポイント

具体的なことが伝わらないお茶を濁すような表現は、聞き手が話の内容を理解できなかったり、勘違いしたりする要因となる。

接続詞を意識して使う

狙ったインパクトを与えるには言葉のつなぎ方が重要

　文章と文章をつなぐ役目を持つ接続詞。**適切な使用で話のまとまりがよくなったり、印象を強く与えることができたりします。** 以下に主な接続詞の種類と働き、代表例をまとめました。

接続詞の種類

	働き・用途	代表例
順接	前の内容が原因・理由で、そのあとに順当な結果を述べる	「したがって」、「そのため」、「すると」など
逆接	前の内容から類推されることとは、逆の結果を述べる	「しかし」、「ところが」など
添加	前の内容につけ加える	「そのうえ」、「さらに」、「しかも」、「なお」など
並列	いくつかのこと・ものを同等に列記する	「また」、「ならびに」など
対比	前の内容と後の内容を比べる	「一方」、「もしくは」、「あるいは」、「または」など
補足	前の内容をあとに続く内容で、説明や言い換えを行う	「なぜなら」、「つまり」、「たとえば」など
転換	前の内容と、話題を変える	「さて」、「それでは」、「ところで」など

　接続詞の使い方によっては、聞き手にマイナスのイメージを与えてしまうことがあります。接続詞は聞き手に与えるインパクトが大きいため、印象に残りやすいのです。なかでも「しかし」や「ところが」は、逆接の場合に使うので、話し手自身が否定的なイメージを持たれることもあります。**あまり多用せず、使うならネガティブな内容をくつがえし、前向きな提案を行うときに限定するのがおすすめです。**

　一方、接続詞を間違って使っている人も見かけます。「つまり」は前の内容を言い換えるときに使う接続詞ですが、次のどちらが正しいでしょうか。

---

　①柔道、空手、ムエタイ。つまり、私は格闘技が得意です。
　②私は格闘技が得意です。つまり、柔道、空手、ムエタイ。

　正解は「1」です。「2」も内容を言い換えてはいますが、「つまり」を使う場合、あとに続く内容は前の内容よりも抽象化する必要があります。抽象化とは、具体的なもの（柔道、空手、ムエタイ）ではなく、それより大きな概念（格闘技）に変換することです。

　また、「なので」を接続詞として使う人も見かけますが、プレゼンやスピーチ、商談などのオフィシャルな場では使用厳禁。「なので」は接続詞ではなく接続助詞のため、「〜なので、〜」という形で文の途中に使うのが正しい用法です。

ポイント

特にプレゼンやスピーチ、商談などのオフィシャルな場では、接続詞の間違った使い方を避ける。

リマインドすることで
トラブルを回避する

重要事項をリマインドする

「今回の説明は完璧だ」と自分が感じても、相手が本当に内容を理解して把握したとは限りません。むしろ、立て板に水で流暢な話しぶりが裏目に出て、聞き手はわかった気になっただけということもあり得ます。

特に、納期などのこちらからお願いした件や、会議のスケジュールといった内容は念押しが必須です。忘れられるとトラブルに見舞われたり、損害を被ったりする可能性もあるので、しっかりリマインドしておきます。

リマインドする場合、確認メールを送る方法が一般的です。ほかにも、会う機会があれば口頭でも構いませんし、電話やカレンダーの通知、チャットでもいいでしょう。**納期の厳守を伝えるといった重要度が高いときは、複数の方法で念押しするべきです。**

<重要事項をリマインドする方法>
確認メール、口頭、電話、
ビジネスチャット、カレンダーの通知

　同時に、自分自身にもリマインドすることをお忘れなく。スケジュール管理やタスク管理のアプリのリマインド機能を利用して、自分への念押しをしておきます。

念押しする前に大切なこと

　念押しは、円滑にビジネスを進めるうえで必要なこと。しかし、それ以前の説明する段階で、十分に理解できるような工夫をこらすことも重要です。

　もし、「資料を用意してください」と依頼されたら、どうしますか？

　おそらく多くの人が、よく見るＡ４の用紙にプリントアウトした数枚のレポートを準備するのではないでしょうか。商談や打ち合わせでは、いつもの資料のみを持参。プレゼンでは、パワーポイントのスライドと口頭で説明するだけに終始……。

　そんな型通りの説明ではなく、**「もっと聞き手に伝わる方法があるのではないか」と臨機応変に考えてみることが大切です。**

　例を挙げると、プレゼンで動画やアニメーション、または参加者とともに実際に体を動かすなどの実技を取り入れてもいいでしょう。資料にグラフや表、図解のほか、掲載する写真をコラージュするといった方法も。その場で図やイラストを描いて、伝えたいイメージ・メッセージについて説明するのもありです。

　聞き手にわかってもらうために、最大限の工夫を考え出しましょう。

ポイント

念押しは、メールを送るほかにも、会う機会があれば口頭、電話やカレンダーの通知、ビジネスチャットなどでもOK。

語尾は不明瞭にせずはっきりと言う

聞き手に対して
ストレスを与えない話し方

　とりわけビジネスシーンでは、語尾まではっきり話すことが大切です。語尾に近づくと声が小さくなる、語尾そのものを省略して次の話題に進むといった話し方をしていると、語尾が不明瞭でよく聞き取れません。**しっかり聞こうとしていた聞き手ほど、イライラや不安を募らせて話し手へのイメージが悪くなります。**

　ここでは、語尾が大切な理由を3つ挙げて解説していきます。

① 語尾で意味が変化する日本語

　日本語は、語尾によって意味が変化する言語です。そのため、最後まで話が聞こえないと間違った情報を信じさせてしまうかもしれません。語尾まではっきりと伝えてください。

> **シェア拡大という目標を達成できます。**
> **シェア拡大という目標を達成できません。**

　主語の次に動詞がくる英語とは違って、日本語は動詞が文の終わりにきて語尾で意味が変わることがあります。そのため、語尾まで聞き取りやすく話すことが誤解を招かない伝え方になります。

② 信頼度が下がる

　語尾が不明瞭な話し方は、自信がなさそうに映ります。他方では、ごまかしているように感じられ、うしろ暗い部分があるのではないかと誤解を生む原因にもなります。

　聞こうとして耳を傾けている相手に、中身を伝える話し方ができないのは事前の準備が不足している証拠です。語尾は、自信を持ってゆっくりと丁寧に話すことを目標に、練習を重ねましょう。

③ 聞き手のストレスになる

　話のなかで不明点があると、そこが気になって内容が入ってこなくなる場合もあります。「よく聞き取れなかった」と思いつつ話を聞き続けるのは、ストレスです。しかも、「あとで質問しよう」とメモを取って、しかるべきタイミングで質問するのも余計な手間となります。**聞き手の負担になるのを避けるには、語尾まで間違いなく伝えようとすることが重要です。**

　ほかにも、プレゼンなどの場面で手をうしろに回して組むというスタイルがクセになっているなら、ただちに封印することをおすすめします。うしろに何かを隠し持っているように見られたり、横柄な態度に受け取られたりすることもあり、相手に不信感や不安を与えてしまうので、プレゼンの場に限らずビジネスマナーとしてNGです。

ポイント

語尾を聞き取りやすく話すことが誤解を招かない話し方。語尾までしっかり伝えることで、聞き手も安心して聞いていられる。

提案を通すためには
論理的な話し方をすること

長い状況説明や感情的な話し方はNG

　上司に自分の提案がいつも通らず、苦手意識を抱くケースがあります。なぜ、上司は自分の提案を受け入れないのかと不本意に感じるかもしれませんが、それには理由があります。

・状況を正しく理解してもらおうと長々と説明する

・思い入れや気持ちが先行して感情的になる

　上の２つは、上司に提案をするときにやってはいけない悪手です。提案の内容で多いのは、仕事上の課題・問題を解決することですが、上司ならたいてい提案されるような課題については把握しており、百も承知のはず。わかりきったことを長々と話されても興味は持てず、聞いてもらえません。

　状況説明は簡潔に済ませ、上司が把握していない現場の話や、提案の具体的な中身といったことを説明すべきです。

　また、何かを提案する場合、思い入れや気持ちが先行してしまうときがあります。同情を引こうと感情に訴えたり、当事者意識

を持ってもらおうと懸命に話したりする場合もあるかもしれません。しかし、感情が動いたとしても、それで提案が通るわけではありません。

　当事者意識ではなく、大局的な視点で合理的な判断を行うのが管理職の仕事です。提案を通したいなら、感情的にならずにその提案のメリットを理路整然と語るのが正解です。

上司の立場になってみる

　では、提案を受け入れられるにはどうすればいいのでしょう。

　大切なのは、上司の立場になって考えてみることです。先ほど、上司なら状況を理解し、課題や問題を把握していると述べました。ここで、なぜ対策を講じていないのかと推察すると、その課題へ対策する必要がないと考えている、対策したいが有効な方法を模索中、またはほかの仕事で多忙を極め、課題対策に手が回らないという3つの理由が浮かんできます。

　課題対策に手が回らないなら、上司の仕事を受け持つ代わりに、自分の提案を通すように働きかけるのも有効です。また、対策が必要ないと考えている、有効な方法を探しているという2つの場合なら、**提案を論理的に説明することで受け入れられる可能性が上がります。**

　併せて、上司から聞かれそうな質問を想定して回答を用意しておくことも必要です。指摘されたことにすぐ回答できれば、上司からの信頼感もアップします。

ポイント

感情が動いたとしても、それで提案が通ることはない。相手の感情に訴えるよりも、自分の提案のメリットを理路整然と語ることが大切。

未来の行動を促すために過去を語る

実績や成果を伝えて
信頼を得ていく

現実味のない話では相手にされない

　プレゼンやスピーチを聞いていると、テーマに沿ったプランや
アイデア、考えなどの着想が素晴らしく、話しぶりも問題ないの
に、残念だと感じることがあります。そう感じてしまう原因はど
こにあるのでしょうか。

　聞き手に語るプランやアイデア、考えといったものは、今現在
は達成されていない将来的なこと。製品の新開発やリニューアル、
新規事業の立案、所属部署の課題の解決策など、内容はさまざま
ありますが、すべてこれから実行する未来の案件です。

　未来の話だからこそ、「こんなに素晴らしいものになります」
と力を入れて話したくなる気持ちもわかります。しかし**未来の話
には、夢はあっても現実味がないかもしれません**。夢ばかり語る
人に予算を割いたり、投資をしたりするでしょうか。

信頼への足がかりを築く

　ここで忘れてはならないのは、いかに聞き手の信頼を得ること
ができるかという点です。

　信頼を得るには、信用の積み重ねが不可欠です。たとえば、取引先から信用されるには、品質管理や納期を守るといったことを続け、いい関係を築く必要があるでしょう。そして、その信用の積み重ねにより、信頼が醸成されていきます。信頼には、将来的な期待も含まれるので、話し手からの提案も受け入れやすくなるのです。

信用　相手が望む業績・行動などを達成したときに信じてもらえる
　　　　→遂行した実績や成果がないと信用されない

信頼　十分な信用を得た結果、助け合えるような関係に発展
　　　　→今までの信用があるので、将来に渡って信じる状態

　これを踏まえると、話に盛り込まなければならない内容が見えてきます。**聞き手の信用度を増すためには、成功させたプロジェクトのことなど、過去の実績を伝える必要があるのです。**

　過去の実績で興味を持った相手は、「あのプロジェクトをマネジメントしたなら、同程度の規模は任せることができそうだ」という考えに傾くでしょう。信頼への第一歩となります。

　しかし、過去の実績を話す場合、詳細をダラダラと伝えるのは得策ではありません。実績や成果は、聞き手からすれば自慢話になりかねないため、ただの自慢にならないように、客観的な事実、信憑性の高いデータといった根拠が必須です。それらを提示することで、こちらの提供する価値が正しく評価されます。

ポイント

聞き手の信用を得るためには、客観的な事実、信憑性の高いデータ・数値などの根拠を示すことが必要。

デキるビジネスパーソンの
聞き方講座 ステップ1

　「人が話をしているときは、相手の目を見なさい」と、自分の親や学校の先生に教えられた人は多いのではないでしょうか。

　人の目を見て話を聞くということは、相手に対して興味や関心を示しているという意思表示になります。もしも自分が話しているときに相手が別の方向を見ていたら、「この人、私の話に興味ないんだな」と思うはずです。そうならないためにも、話を聞くというファーストステップは、相手の目を見ることからはじめましょう。

　また会議や商談などで、話を聞きながらメモは取ることがあるかと思います。その際、聞き上手な人ほど、適切なタイミングでメモを取っています。

　それはどういう人かというと、相手が重要な話をしているときや意見を述べているときには、メモを取らないようにしている人です。たまに人が話しているときに、最初から最後までメモを取っている人がいますが、話をしている人からすれば、あまりいい印象を持ちません。会話は相互コミュニケーションですから、一方通行では成り立たないのです。

　さらに人の話を聞く際は、相手に対して不快感を与えないように、姿勢にも注意しましょう。

第 7 章

結果を出すには
誠実さが
武器になる

配慮が欠けていると、説明しても相手の心にはなかなか響いて
いきません。誠実な態度で信頼感を抱いてもらい、相手の心を
動かしましょう。

はじめての相手に自己紹介は必須

相手のことを考えた自己紹介で、信頼を得る

いい関係は自己紹介から

よく知らない相手の話を聞くときには、誰でも不安を感じます。たとえ相手の話す商品に興味を持ったとしても、騙されるのではないか、言いくるめられているのではないか。そんな疑念が湧いてくるものです。

そのため、初対面の相手と話をする場合には、まず**相手に自分を信頼してもらうための自己紹介**が重要になります。

では自己紹介で自分を信頼してもらうためには、どうすればよいでしょうか。時々、はじめて訪れた会社での自己紹介で自分の会社の得意分野や業績を延々と話す人を見かけます。ビジネスで成果を上げるため自社の強みをアピールしたいという気持ちはわかります。ただ、それが相手先の仕事に関係なければ、相手は時間の無駄と感じてしまうでしょう。

自己紹介で相手にしっかり自分のことを印象づけるには、**自分が相手のために何ができるかを伝える**ことが重要です。相手に信頼される人、チャンスを得る人は、自己紹介で相手にとっての自分の価値を伝えているのです。

　自己紹介は、次のような流れで行います。

自己紹介の3ステップ

① 自分は何をしている人か伝える

相手に関連する内容にポイントを絞って、自分の仕事内容、特長を伝える

② 相手に対して何ができると考えているのかを伝える

一緒に仕事をすると相手にどんなメリットがあるのか伝えることで、
こちらが相手の立場を理解していると示す

③ 相手との関係で、将来どんなことをしたいのかを伝える

将来的にどんな成果を期待しているのか伝えることで、
相手との関係を長期的視点で考えていると示す

　自己紹介の際、思いついたことを適当に話していたのでは相手からの信頼は得られません。聞く相手の立場を理解して伝える内容を選択し、将来のお互いの関係性を具体的にイメージさせること。それが効果的な自己紹介です。

　これは、**相手に「この人はつき合う価値のある人だ」と感じさせる自己紹介**と言い換えることもできるでしょう。

　自分が（相手にとって）何者なのかをしっかりと伝えることで、相手は誠意を感じます。そして「**この人は、相手のことを考えながら仕事ができる人だ**」と認識してもらえるのです。

ポイント

信頼を得る人、チャンスを得る人は、自己紹介がうまい。自己紹介では聞く人の立場に立って、話の内容を考える。

ウソをつかないようにする

周囲だけでなく
自分にも影響がでる

「試験もせずに製品を出荷した」「原料の産地をごまかして記載
した」といったウソがばれて、会社が窮地に追い込まれる事例は、
ニュースでよく見かけます。

ウソは信頼を損ねてしまうもの。結果を出すためには仕方がな
いと考えてウソをついても、結局は逆効果なのです。

とはいえ、人はちょっとした瞬間についウソをついてしまうこ
とがあります。

> ・仲間内の雑談で、今話題の本の話で盛り上がった。自分はそ
> れを読んでいなかったが「読んだ」と話を合わせてしまった。
> ・最終確認をしていたときに、上司から「全部チェック終わっ
> た?」と尋ねられ、「完了しました」とつい答えてしまった。
> その後チェック漏れに気づいたが、言い出せずそのままに
> した。

このようなちょっとしたウソをついてしまうのは、本当のこと
を言うのはかっこ悪いと思ったり、面倒なことになりそうだと
思ったりするからでしょう。しかし、ウソは不思議なほどよくバ

レるのです。そして想定した以上に面倒なことが起こり、本当の
ことを言うよりもかっこ悪いことになります。

　ウソをつくとマズい理由としては、次の3つが挙げられます。

自分自身が消耗する

　バレていないとはいえ、自分自身はウソをついていることを
知っています。**意識しないように心がけていても、バレるのでは
ないかとつい気になってしまうでしょう。**こうなると、目の前の
仕事に集中することができません。結局、仕事のパフォーマンス
が落ちてしまうのです。

他者からの信用を失う

　話の辻褄が合わなくなったり、別のところから情報が入ってき
たりして、ウソはバレてしまうもの。そして周囲に「この人はウ
ソをつく」と思われると、きちんと仕事をしたときでも「この報
告は本当だろうか」「何か隠しているのではないか」と疑念を抱
かれてしまいます。小さなウソで失った信用をもう一度回復する
ためには、かなりの時間が必要です。

自分のウソが、自分自身のプライドを傷つける

　ウソをついているとき、人はやましさやうしろめたさを感じま
す。それによって自尊心が傷つき、自信がなくなり、堂々とした
態度でいられなくなってしまうものです。

ポイント

小さなものでもウソは必ずバレる。ウソをつくことで、周囲からも自
分自身からも信用を失う。

言葉選びを間違えたら即訂正する

言葉には重みがあることを
意識して話をしよう

話が得意な人こそ注意

　政治家が大勢の聴衆を目の前にして場を沸かせるために、ある
いは記者たちを相手に調子に乗って話してしまい、あとで問題に
なるといったケースをよく見かけます。

　「話のプロでも失敗することがあるんだな」と思われるかもし
れませんが、これは話す能力に長けている人だからこそ陥りやす
い罠なのです。つい話しすぎてしまうというタイプの人は注意が
必要でしょう。

　話すことが得意な人は、相手の投げかけた言葉に対して、すぐ
に反応することができます。会話は相手とのリズムが大切ですか
ら、軽快に会話が弾むと楽しいものです。しかし、ここで調子に
乗ってしまうと、自分ばかりが話していたり、よく考えずに反応
して余計な一言を言ってしまったりという状況に陥ります。

　「口は災いの元」でもあるのです。

　また、**本来言葉には「重み」があります。しかし、同じ言葉で
も、言い方や心の込め方でその重みは違ってきます。**

　たとえば、思いつくままに延々と話されると、人は話を聞き

続けるのを辛く感じます。このとき、発せられる言葉は聞き手にとって軽いものとなってしまい、頭のなかに蓄積していきません。言葉の重みを意識し、話を進めていくことが重要です。

余計な一言と言い間違いには気をつける

最も注意すべきなのが、余計な一言や言い間違いです。

余計な一言は、言葉を発する前に、一瞬でも「この言葉を聞いたら相手はどう思うかな」と考えれば言わずに済みます。相手の気持ちを考えて、誠意を込めて話そうと心がけることで、悪い結果ではなくよい結果のほうを招くことができるでしょう。

言い間違いは、たいていの場合、まったく意図していないもの。言ってしまった本人には、悪気はありません。そのため、その言葉が相手にどのように受け止められているかに気づきにくいといえます。

一方、相手にはこれが「意図していない言葉」か「つい本音がこぼれたもの」かの区別ができません。笑いながら聞いていても、心のなかではでムッとしている可能性もあります。

本来意図していない言葉が口から出てしまったときは、すぐにその場で訂正しましょう。

ポイント

言葉には重みがある。言い間違えた言葉も相手がどう受け取っているかはわからない。間違いに気づいたらすぐに訂正しよう。

本気の人ほど周囲は応援したくなる

信頼される人は
「本気の伝え方」がうまい

　あなたは仕事で、深く考えずに以下のような表現を使っていないでしょうか。

> 「私は反対でしたが、〇〇さんがそうしろと言ったので」
> 「おかしいなとは思いましたが、前任者もやっていましたから」
> 「取引先から特に何も言われていないので」

　これらはあるトラブルの責任が自分にないことを主張するための発言です。しかし、裏を返せば「私は人に言われるまま、特に何も考えずに仕事をしました」と白状していることになります。
　つまり「私はこの仕事に本気で取り組んでいません」と宣言しているようなものなのです。

　スポーツ選手でも、アイドルでも「この人のことを応援したい」と感じるのは、物事にひたむきに、一生懸命取り組んでいる姿を見たときではないでしょうか。

　「本気で挑戦する若者を育てたい」という経営者は数多くいま

す。自身が本気で挑戦を続け、周りの人に助けられて今があるという感謝の気持ちから「本気で頑張る人を応援したい」と思うようになるのです。

　担当者が本気で取り組んでいなければ、誰もその仕事を応援する気持ちにはなれません。仕事は一人で成し遂げるものではありません。いかに周囲の協力を得られるかが成功の鍵です。
　それには、自分自身で責任を持って考えることです。**ほかの人とは違う「あなただからこその仕事のやり方」**が見えてくるはずです。それが**「ほかの人がやらない工夫」**や**「ほかの人にはできないやり方」**になって、相手に伝わります。

　これが**相手に伝わる「仕事の本気度」**です。本気で仕事に取り組むということは、仕事に対して誠実だということです。そんな人を周囲は応援したくなるのです。

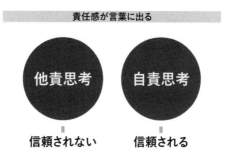

責任感が言葉に出る

他責思考
＝
信頼されない

自責思考
＝
信頼される

ポイント

仕事に本気で取り組めば、人とは違う仕事のやり方が見えてくる。本気度が伝われば、相手はあなたを応援したくなる。

関係者とすぐに連絡を取れるようにする

少なくとも上司と同僚の
携帯電話番号は把握する

緊急時の対応法

　時間外ではあるものの、関係者に至急連絡しなければならない事態が発生したとき、取引先の連絡先は職場の電話しか知らないとか、上司の連絡先は家の電話番号なので、外出していて連絡がつかないなどという状況では話になりません。

　緊急時、必要な関係者に素早く連絡を取ってアクションを決定することができる仕組みを整えておくことは、会社の信頼性を上げるうえで重要です。

　今は多くの会社で会社用の携帯電話が支給されています。**社内だけでなく取引先の関係者にも、携帯電話の番号を教えてもらいましょう**。個人所有の携帯電話しか持っていない場合でも、緊急の連絡をする可能性がある場合は理由を説明して番号を教えてもらいましょう。

　さらに、携帯電話の番号を知っていればそれで安心というわけではありません。

　最近は働き方が多様化しているので、携帯電話を持っていても休日には電話に出ないと決めている人もいます。また観劇やコン

サートで電源を切っていることもあります。

　特に仕事で緊急対応が必要になる可能性がある人は、**第2、第3の連絡先を把握しておき、どのような場合でも迅速な対応がとれる**ようにしておきましょう。

留守番電話の対応法

　携帯電話が繋がらない場合も、**留守番電話にメッセージを残しておく、ショートメッセージ（SMS）を入れておく**など、こちらからの発信に気づいてもらえる工夫はできます。代行者に連絡して対応したときも、その行動を**上司ができる限り早く把握できるよう配慮**すれば、上司からの信頼は厚くなるでしょう。

　携帯電話（スマートフォン）はビジネスに大変有効なツールです。反面取引相手の電話番号などは、**重要な個人情報**です。ウイルス感染や個人の管理不注意でデータが流出してしまうと多くの人に迷惑がかかります。

　不用意に迷惑メールを開かない、社用スマートフォンでは個人的な趣味のサイトにはアクセスしない、使用していないときはロックをかける、紛失することのないようにきちんと管理するなど、携帯電話の**リスクを軽減**させる努力も必要です。

プライベートなものだからと遠慮せずに連絡を取ることが重要

ポイント

携帯電話を活用して緊急時にはすぐ関係者に連絡できるようにしておく。また連絡先などのデータ管理には十分注意を払う。

手助けしてくれる人を探す

協力者がいることは、信用にもつながる

協力を得るにも説明が必要

　誰にでも得手不得手があります。仕事では、苦手なことを一人で必死に頑張って乗り切る必要はないのです。**他人の力を借りて仕事をしてもいいから、決められた締め切りに間に合わせたり、確実に仕事を仕上げることが大事なのです。**

　人に助けを求めて仕事を手伝ってもらうためには「仕事の目的は何か」「今自分が困っていることは何か」「助けてほしいところはどこか」を相手に説明しなければいけません。

　仕事で困っているときは、これらのことが頭のなかで整理できていないため混乱していることも多いのです。説明しようとすることで、頭の中が整理できますし、他者からアドバイスをもらうことでそれまでとは異なる視点で仕事を見つめ直すこともできます。その意味でも「助っ人」は大切です。

　特に「交渉」や「説得」は一人では乗り切るのが難しい、助っ人が必要になる仕事です。

「みんな私の提案に賛成するはず」と思っていても、部署や会社が違えば、見えているものや大切なものも違ってきます。理屈で押し通して会議ではなんとか合意を取りつけたのに、それが現場の担当者には伝わっておらず仕事がまったく進まない、という話はよくあります。

人を確実に動かすまでが「説得」です。相手を説得するのはあなたでなくてもいいのです。協議の場で**どうすれば目の前の仕事を前に進めることができるか**を考えましょう。

このときの「助っ人」には2種類のタイプがあります。

まず、自分と同じサイドに立って**援護射撃してくれる人**、つまり**自分の部署の上司や、専門性の異なる仲間**です。上司が同席することで、この提案が部署全体の総意によることを示すことができます。また、製造課と品質管理課など、異なる分野の担当者が説明すれば、提案の信頼性が上がります。

そして、**交渉の相手のサイドにいるがこちらの案に同意してくれる人**。この助っ人を得るためには、**事前に個別に相談する**こと、いわゆる根回しが必要です。

異なる立場の助っ人を集めることができれば、それだけあなたの「信用」が裏打ちされるのです。ちなみに、事業で成功を収めた経営者の多くが、「この成功は自分一人の力ではない」と言って、周囲への感謝の言葉を口にします。つまり、多くの協力者を集められることが、経営者の重要なスキルになるのです。

ポイント

仕事は一人で頑張ればいいものではない。どうすれば仕事を前に進められるかを考えて、必要な人に協力してもらおう。

事実を知らせないのはウソと同じ

都合の悪い事実も隠さない姿勢が信頼性を高める

すべてを明らかにする

もしも、知らされていなかった事実があとで明らかになると、その相手は不信感を抱きます。長期的に、良好な関係を維持したいのであれば、不都合な事実も含めて、すべての情報を開示する姿勢が大切です。

たとえば、生命保険に加入する際に提出される細かい文字で埋め尽くされた書類や、インターネットサービスを利用する際に提示される長い利用規約は、利用者にすべての情報を提供するためのものです。

このように重要な契約であればあるほど、情報を隠さないという姿勢を**相手に示す**ことが、信頼関係を築くうえで極めて重要になります。

そうは言っても、自分自身や所属する組織の欠点は隠したい、人に弱みを見せたくないと考えるのは、ある意味で人間の本能です。誰でも自分のいいところだけを見てもらって、多くの人といい関係を築いて成功に近づきたいと思ってしまいがちです。

「ウソをついているわけではない。今だけは都合の悪いことを隠しておくけれど、それを改善する努力もしているから」と自己正当化する人がいるかもしれません。

しかし、こういった姿勢では**事実を隠す方向に力が注がれ、改善に回す余力はなくなってしまう**ものです。会社の粉飾決算やデータ改ざんなどの不正が明るみに出るのは、隠蔽が繰り返されたあとのことが多いですが、おそらく初めは「今回だけ」とか「このデータは重要ではないから」などと軽く考えていたのでしょう。

隠しごとはしない

ウソと隠しごとは紙一重です。日頃から「隠しごと」をしない企業風土をつくることで、会社の信頼性は高まります。

「ミスや失敗を報告しても、厳しく叱責されることなく、改善策を一緒に考えてもらえる」

「わからないことや知らないことがあっても、バカにされない」

そういった、各々が**自己開示しやすい風通しのいい職場であれば、隠しごとをする必要がなくなります。**

また、重要な情報は人によって変わります。内部の人には大した情報ではなくても、外部からも同じように見えているとは限りません。尋ねられたとき回答に時間がかかりすぎると、隠蔽を疑われる恐れもあります。いつでも取り出せるように、**情報は整理して保存**しておきましょう。

ポイント

日頃から皆が情報を開示しやすい職場をつくり、外部に対しては要求された情報をタイムリーに開示できるようにしておく。

法則

068

相手に合った敬語を選ぶ

正しい言葉を使い分けて
相手の信頼を得る

正しい敬語を使う

　あなたは、敬語を正しく使っている自信がありますか？

　社外の人と接する機会の多い人たちは、敬語を日常的に使用していることでしょう。しかし、丁寧さを意識しすぎるあまりに「二重敬語」を使ってはいないでしょうか。

　たとえば、「ご覧になられますでしょうか」や「うかがわせていただきます」などの表現は、実は敬語の誤用にあたります。「ご」や「お」と「られる」、「うかがう」と「いただく」のように、2つの敬語を重ねてしまっているからです。「部長殿」など役職に「様」や「殿」をつけるのも同様です。

　敬語がおかしいと感じると、聞き手は相手との意思疎通に不安を感じてしまいます。まずは社会人として、**基本的な敬語の使い方を学んでおく必要があります**。

　とはいえ、**言葉の常識は常に変化しています**。実は、文法的に間違っていても、慣用句として認められている言葉もたくさんあ

るのです。

　謝罪のときの表現「申し訳ない」を丁寧にした「申し訳ありません」は文法的に間違っているという説もありますが、丁寧語として一般的に使われています。「申し訳ないです」は違和感のある敬語として取り上げられることが多かったのですが、最近は立場が近い人の間で使う丁寧語として定着しました。

ツールによって言葉を変える

　さらに最近はメールだけでなく、LINE、Chatwork、Slackなどのコミュニケーションツールも広く使われるようになりました。これらのツールでは、従来のメールでの「お疲れ様です」「お世話になっております」といった挨拶を省略し、用件だけを簡潔に伝えるスタイルが一般的です。情報を早く効率的に伝えることが求められているので、簡素な表現が好まれるのです。敬語は必要ですが、ここでは過剰な表現は敬遠されることが多いようです。

　このように、**敬語の基準は時代や使用するツール、所属するコミュニティによって変わります**。言葉はコミュニティ内で共有されるものであり、**敬語は意思疎通を円滑にするための道具**です。周囲の人の言葉遣いを観察し、そのコミュニティでの敬語の基準を見極めましょう。周りの人で感じがいいと思う人の言い回しを真似てみたり、ベテラン社員に自分の敬語のおかしいところを指摘してもらったりして、実践的に職場での適切な言葉遣いを身につけましょう。

ポイント
一般的に正しいとされている敬語の知識を学んだうえで、コミュニティやツールに合わせて敬語のレベルを使い分けよう。

人は情で動くということを心に留めておく

誠意を示すと、話を
聞いてもらえるようになる

誠意は話し方に表れる

　セミナーを受講していると、「この人の話をもっと聞きたい」と思う人と「何だかつまらないな、これ以上この人の話は聞きたくないな」と思う人がいます。この差は「話の内容が面白いかどうか」によるものではないのです。

　興味深いことに、話の内容が同じでも、**話す人に説得力があるか**どうかで聞き手の理解度は変わってくるのです。

　では、説得力のためには何が必要でしょうか。「聞き取りやすい声の大きさで明快な発声をする」「話の内容が論理的でわかりやすい」など、内容を人に伝えるうえでのテクニックも大切です。しかし、それ以上に、**話し手への信頼感が聞き手の納得感に大きく影響します**。

　一番大切なことは聞き手に「**この人は信頼できる、この人の話を聞きたい**」と感じてもらうことです。話し手への信頼感がなければどんなに理路整然と話しても、本当の意味で話を受けとめて

もらうことはできません。

　話の内容（理屈）よりも、**人間として話し手が評価できると感じてもらう、聞き手の感情に働きかける**ことが大切なのです。

　ではどうすれば「この人の話を聞きたい」と思ってもらえるのでしょうか。

　そのためには話し手が**聞き手に対して誠意を伝える**必要があります。

　それは**「この話はあなたのために用意してきました。この話をあなたに伝えたい」という気持ちを持って話をする**ことです。

　聞き手のことを真剣に考えて語れば、話すスピードも聞き手が聞き取りやすいものになるでしょう。また、聞き手に話の内容をしっかり理解してもらいたいと思えば、自然に難解な単語や略語を使わず、聞き手が理解できるような言葉を選んで喋るはずです。

話し上手 ＝ **聞き手ファースト**

　このように、常に聞き手のことを真剣に考えながら話をしていると、**その「思い」は「わかりやすい話し方」になって伝わります。**反対に自分の言いたいことだけを早口で、難解な言葉でまくしたてていると「この人は自分のことしか考えていない、自分の知識を吹聴して自分を偉く見せたいだけなのだな」と思われるでしょう。聞き手のことを考えていないことが伝わってしまいます。

ポイント

相手に信頼されていないと話を聞いてもらえない。信頼されるためには、まずこちらが相手に誠意を示す必要がある。

感情的になってはいけない

上手く伝わらないときは、伝え方を変えてみる

相手のことを考える

　真剣に仕事に向き合っていればいるほど、伝えたい気持ちが強いほど、相手に伝わらなかったときの落胆は大きいものです。

　とはいえ、たとえばあなたが上司で、新人に対して大声でどなっても、または執拗に失敗を責め立てても問題は解決しません。

　経験を積み、スキルを身につけたあなたと新人の間には理解力に大きな差があります。さらに年齢が異なれば価値観や常識も違います。**考え方や立場の異なる他人に物事は簡単には伝わらないのです。**

　会話のときに新人がうなずくのは、理解しているのではなく、うなずかないと話が前に進まないと考えるからです。

　相手が話を理解しなくても怒ってはいけません。怒られると相手は萎縮してこちらの話が耳に入らなくなります。コミュニケーションの回路を閉じてしまうのです。

　「最近はなんでもパワハラと言われるから怒ることもできないよ」と、怒りを表に出さないようにしても、あなたが腹を立てて

いると、その感情は相手に伝わります。人は言葉だけでなく、素振りや語調などからも感情を読み取るものです。

　だからと言って、今回の件はもう考えない、怒りの感情は忘れようと努力しても、自分で納得できていない出来事は頭の片隅にいつまでも残っているものです。そして何回か同じようなことが重なると、我慢できずにある日怒りが大爆発、人間関係に修復不可能なヒビが入る、といったことにもなりかねません。

　大切なことは、**仕事を前に進めるうえで伝えなければいけないことは何か**。そして**どのような方法ならば相手に伝わるのか**を考えることです。

伝わらないのは自分のせい

　相手の理解が遅くても、頭が固くても、「仕事に必要な事項を相手に伝える」のがあなたの仕事です。**伝えることができないのはあなたの説明力が不足している**のです。

　顔を見て話す、声量やトーンを変える、箇条書きにして文章にする、図を使う、動画を見せる、繰り返しメールするなど、伝えるための手法はいろいろあります。相手をよく観察し、相手に合った伝え方を工夫すれば、結果は変わってきます。

　伝える内容を理解できないのは相手が悪いと思っていると、その思いが相手に伝わってしまいます。良好なコミュニケーションのため、**まずあなたから相手に歩み寄りましょう**。

ポイント

物事は簡単に人には伝わらないと心得ておき、上手く伝わらなかったときには、伝え方を工夫してみよう。

人が聞いているかも……という配慮を持つ

会話を聞いているのは、
話し相手だけとは限らない

周囲を気にするということ

　オフィス街の昼休み、混み合う飲食店のなかで、職場の仲間と大声で話をしながら食事をしている人の姿をよく目にします。

　職場を離れて束の間の休息、食事をしながらの仲間との会話を楽しんでいるのだと思いますが、ときには「ここでこんなことまで話をしてもいいのかな」と思うような話が聞こえてくることもあります。

　自分が話をしているときには、周りの集団が何を話しているのかにまで気が回らないのかもしれません。しかし、一人でいるときや人の話の聞き役に回っているときには、周りの集団の会話が結構耳に入ってくるものです。目の前の相手だけとしゃべっているつもりでも、**会話を聞いているのがその人だけとは限りません。**
　仕事の内容、取引先のこと、今話している内容はほかの会社の人には理解できないと思っていても、同業者が居合わせているかもしれません。会社の**機密事項や社内のトラブルが他社に漏れて、仕事や取引に影響を与える可能性もあります。**周りに人がいると

ころでは、**周囲の人も聞いている事を前提に話をしましょう。**

　最近は座席を個室スタイルにしている店も増えました。しかし間仕切りには薄い板やカーテンが使われていることも多く、隣が見えなくても音は聞こえるので注意が必要です。

　そして「周りを気にせず話をする人」に気をつけていただきたいのは、話している**目の前の人が「周りに会話が漏れるのを気にする人」かもしれない**ということです。

　「周りを気にしないで話をする人」と「周りに聞こえることが気になる人」の感覚の差はお互いにわかり合うことができないのではと思うほどに大きいものです。

　周りに聞こえることを心配する人は、何も言わずに話を聞きながら相づちを打っていたとしても、頭のなかでは「この話を誰か関係者が聞いていたらどうしよう」「ここでこの話をしても大丈夫だろうか」と考えています。

　そんな人に対して、オープンスペースで、会社の内情にかかわる話やセンシティブな話をすると、「**この人には大事な話をするのはやめておこう**」と思われるので注意しましょう。

配慮もコミュニケーション

＼　シーッ　／

周囲への配慮も
大切なこと

ポイント

会話を聞いているのは、話し相手だけとは限らない。周りに人がいるときは、聞かれても問題のない話をしよう。

上手く伝わったのか振り返る

伝える目的に応じた
フィードバックを取ろう

振り返ることはとても大事

　イベントやセミナーに参加すると、よくアンケートをお願いされます。その際によく行われるのが、満足度を何段階かで評価してもらうものですが、不満、やや不満などのマイナス評価がないと主催者はホッと安心して、ほかの項目にはあまり注目しないのではないでしょうか。

　しかしアンケートは参加者から評価や改善点を伝えてもらい、「改善点を把握する」ために取るフィードバックです。

　誰かに何かを**伝えようとするときには「伝える目的」が必ず存在します。**ですから「相手に目的どおりきちんと伝わったかどうか」を確認するためにフィードバックを取ると改善点や課題が明らかになり、伝える技術の向上に役立ちます。当然、**伝える目的によってフィードバックの取り方や評価項目も変わってきます。**

　たとえば公的規格の審査に合格することが目的の講習で話すのであれば、こちらの説明がわかりやすく、考え方に矛盾がないことを理解してもらえばよいのです。「特に異論がない」という結

論が得られれば説明は成功です。また政治家の選挙演説ならば、候補者の魅力を伝えて票につなげることが目的ですし、学術誌の論文であれば考え方の独創性、論理性が評価される観点となるでしょう。

　先に述べたアンケートも、セミナーのフィードバックの方法のひとつです。しかし話をする場面によっては、聴衆の満足度評価が見るべきフィードバックではないこともあるのです。

　一例を挙げると、新製品の性能を紹介しつつその分野の最新技術情報を紹介する勉強会を開催したとします。この場合、真の目的は新製品の販売なので、**出席者がどの程度新製品の性能に興味を持ったかを評価する必要があります**。アンケートで新製品に対する問い合わせが何件あり、そのうち見積もりにつながったのが何件かなどが、勉強会に対するフィードバックになりそうです。

　どの場合も、**伝えることの真の目的を忘れることなく、目的に応じて適切なフィードバックを見ていく必要がある**のです。

フィードバックは大切

★★★★★　　　　　　　　　　　僕の話はどうだった？

ポイント

説明は、相手に何が伝わったのかが重要。目的に応じて、適切な評価項目でフィードバックを取ろう。

接点が多い人ほど信頼してもらいやすい

接触回数の増加は
成果に結びつく

親近感を持ってもらう

　企業が製品や会社の説明をすることなく、美しい音楽や映像で会社のイメージを印象づけるコマーシャルを、よく見かけます。また、その会社の製品とは直接関係ないようなお役立ち情報や会社内での出来事などを、SNSを使って頻繁に発信するといったマーケティング手法も増えてきました。

　直接製品を宣伝せず、何のために莫大な手間とお金をかけているのだろうと思う人もいるかもしれませんが、これらはアメリカの心理学者ロバート・ザイアンスが発表した心理効果を活用したものです。「**単純接触効果**」とも呼ばれていて、人は**関心がなかった物事でも、何度も繰り返し目に触れているうちにだんだん好印象を持つようになる**ものなのです。

　この効果は人との関係性において昔からよく使われています。営業をする人は特に注文がなくても定期的に得意先に顔を出していますし、マスコミ業界では政治家や特定のスポーツ選手と親近感を深めてより詳しい情報を得るため、番記者を配置しています。

　企業が従業員の親睦を図るために社員旅行や忘年会などのイベントを企画するのもこの効果を狙ったものです。社員同士の接点を増やし、**お互いに親近感を高めることで、仕事をスムーズに進めたい**のです。

　人は理屈よりも感情で動くものだということはこれまでも説明してきました。初対面で情報が何もない人と仕事をするときには身構えてしまいますが、顔見知りで好感を持っている人と一緒に仕事をするときには、リラックスして十分に実力を発揮することができます。

　一緒に仕事をして成功体験が生まれると、お互いの信頼度が増して、次も一緒に仕事をしたいと思うようになります。一緒に仕事をする機会が増えると、お互いの仕事のやり方、考え方がより深く理解できるようになります。

　そのように相手との信頼関係が深まれば、リスクを含むような相談を持ちかけたときにも、その相手に対する信頼から引き受けてもらうことができるようになります。

　ビジネスで大きな成果を上げている人は、そのようにして多くの人から**その人個人に対する信頼を勝ち得ている**のです。

ポイント

日頃から何気ない会話や相談をして接触回数を増やし、徐々に信頼関係をつくり上げていこう。

足を運ぶと評価を受けやすい

今の時代だからこそ、
直接会うと誠意が伝わる

　新型コロナウイルスの感染拡大により、一気にウェブ会議が一般化しました。移動のための時間が必要ありませんし、資料も共有して話し合うことができるので、今では社内外問わず会議はオンラインで行われることが多くなっているようです。

　しかし、社外との取引や契約などのビジネス上重要な局面では、今でも多くの会社が「実際に会って話す」を選択しています。

　直接会うと、視覚的にも画面の中より広い範囲の情報が得られます。また、しぐさや表情の変化など相手の本音に近い部分の情報も読み取りやすくなります。さらに、同じ空間を共有しているという感覚が、相手との心理的距離感を縮めてくれるのです。

　特に今は「ウェブ会議ですませることもできるのに、**忙しいなか、時間をかけて、わざわざやってきてくれた**」と、相手に思ってもらえます。足を運び、**直接こちら側の本気度と誠意を相手に示すと、人は心を動かされるものなのです**。

ポイント

今の時代だからこそ、「直接会う」ことで誠意や本気度を相手に伝えることの効果は大きい。

法則

075 相手のことを好きになる

相手の人格を尊重して
感謝の言葉を伝えよう

　今までも人は理屈ではなく感情で動くものだという話をしてきました。仕事だから割り切ろうとは思っても、嫌いな相手と積極的に仕事をしようとは思えないものです。反対に自分が尊敬している人や好感が持てる人とであれば、自然と協力して仕事をしたいという気持ちになり、仕事も順調に進みます。

　「いつもそんな人にばかりめぐり合えない」と思うかもしれませんが、人を好きになるのも、嫌いになるのも、考え方次第、訓練次第です。仕事を前に進めるために、まず**自分から先に相手のことを好きになりましょう**。

　人は相手から何かを受け取ったときには、同等のものを相手に返したくなる心理が働くものです。仕事に協力してもらいたいと思ったら、**こちらから先に相手に好意を示すことが大切**です。

　人を好きになる力とは、相手のいいところを発見する力です。相手の人格を尊重する気持ちを忘れず、それを**感謝や誠意のこもった言葉にして積極的に相手に伝える**ことが大切です。

ポイント
仕事を一緒にしたいと思ったら、まずこちらから先に相手を好きになろう。感謝の言葉で、積極的に相手に好意を伝えよう。

デキるビジネスパーソンの 聞き方講座 ステップ2

　人の話を聞く際には直立不動でただじっとしているのではなく、必ずうなづいて理解を示しましょう。なぜなら、相手に対する尊重と関心を示すには、このような行動もコミュニケーションとして必要だからです。

　その際、ただ単にうなづくだけではなく「それはすごいですね」「それは素晴らしいですね」などと、実際に言葉を発したほうが、話している人に同意の意思が伝わりやすくなります。

　また、話している側は、聞いている側が興味を持っているとより饒舌になるものです。そして聞いている側としても、相手が饒舌になればなるほど「それはいつするんですか?」「そのためにどうするんですか?」などの質問を通じて、相手の話を掘り下げていくことができます。

　ただ、気をつけなければいけないのは、「わかります」「おっしゃるとおりです」などと、適当な相づちを打ってしまうことです。話をしている側に、「調子がいいやつだな」「話を合わせているだけなんだろうな」と思わせた時点でデキるビジネスパーソンとは言えません。人の話を聞くときは、真摯に、誠実に、心を込めた対応をすることがとても大切です。

第 **8** 章

一言で物事が
動き出す
魔法の言葉

たった一言で、状況は劇的に変化します。どんな言葉をかけると、相手の心にどんな変化が表れるのか、本章で詳しく見ていきます。

積極的な本音の会話で
信頼関係を構築する

本音の引き出し方

　仕事仲間や部下のモチベーションが上がらない。もっと本気になってほしいのにうまくいかなくてもどかしい。そんな場合に必要なのは、**お互いの本音を知ること**です。つまり**相手の本音を理解したうえで仕事を進めれば、相手を本気にさせられる**のです。

　ビジネスの場で相手をやる気にさせるためには、本音を引き出す会話をしなければなりません。しかし、親しい友人とは本音で会話できても、仕事相手とは同じようにできないという人もいるかもしれません。そんな人にぜひ実践してほしいコミュニケーションスキル、相手を本気にさせる言葉があります。それは……

「あなたはどう思っていますか」

　この言葉を使った場合と使わなかった場合で結果がどう変わるか、具体例を見ていきましょう。
　次のページの図の右側が上司で、左側が部下たちになります。

この言葉を使わなかった場合……

企画書です

…それだけ？

ありがとう

部下たちはやる気を失い、上司に対する信頼感もなくしてしまう。

この言葉を使った場合……

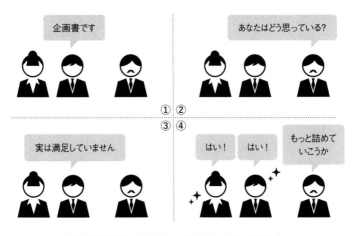

企画書です

あなたはどう思っている？

① ②
③ ④

実は満足していません

はい！

はい！

もっと詰めて
いこうか

上司の質問がきっかけで、一瞬で話の流れが変わる。
上司と部下の距離が縮まり、モチベーションがアップ。

ポイント

積極的な会話はとても重要。相手の本音ややる気を引き出すことで、
信頼関係も強固になる。

みんなに同じ質問をしてみる

たったひとつの簡単な質問で人選が成功する

人となりを知る方法

ビジネスの場での**人選の基準、それは価値観や人間性**です。

スキルやモチベーション、これまでの業績などより重視すべきなのは、その人の人となりです。

最適な人を選べるかどうかは、事業の成功を左右するだけでなく、メンバー内での人間関係にも大きく影響します。人選に失敗すると、メンバー全員がストレスを感じるようになり、チームワークが阻害されてしまうケースもあります。

プロジェクトがはじまれば順調に進むときだけでなく思わぬ壁にぶつかる場合もあります。考え方が同じメンバー同士なら、協力し合ってピンチを切りぬけることができるはずです。

ではどうしたらその人の価値観を知ることができるのでしょうか。効果的なのは、**候補者全員に同じ質問をしてみる**ことです。

たとえば

「あなたが仕事を進めるうえで一番重要だと考えているのはどういう点ですか」

と、質問してみます。

Aさん「ライバルや競合相手に負けず、できるだけ多くの利益を
　　　　上げることです」
Bさん「仕事は一人でできるものではないので、チームワークです」
Cさん「自分らしい仕事ができているかどうかということです」

　三者三様の答えが返ってきました。元々正解がない質問ですから、どれが間違いでどれが正しいというわけではありません。しかし正解のない質問だからこそ、人となりや何を大切に考えているかがよくわかります。

　利益がなければ企業は存続できませんし、従業員の生活も成り立ちませんから、利益最優先というAさんの回答は確かに正論です。ただ利益が第一目的になると、何をやっても稼げればいいという思考に陥るリスクもあります。

　一方仲間の存在から得られる安心感や心強さは仕事を進めるうえで大きな力になりますから、チームワークを大切に考えるBさんの意見には共感できるものがあります。

　また自分らしい仕事を意識しているCさんなら、ほかのメンバーとも信頼し合い、お互いの強みや能力を生かしながらプロジェクトを進めていけそうです。

　あなたならどの人と一緒に仕事をしたいと思いますか。どの人にどんな役割を担ってもらおうと思いますか？

**　同じ質問をして、人の特性をよく見て、その人に最も合う役割や伝え方をイメージできるようにしたいところです。**

ポイント

複数の候補者のなかから誰かを選ばなければならないときは、全員に同じ質問をしてみる。

条件を絞り込む具体的な提案力を身につける

「いつか」を待っていては
チャンスはつかめない

能動的に動く

「そのうち君にもっと仕事を任せるつもりだよ」

「今度新しいプロジェクトをはじめるときには声をかけるよ」

このように度々上司に言われているのに、なかなか具体化しないという経験はありませんか。本当に期待していいのか、いつまで待てばいいのか、本当に自分に仕事が任せられる日は来るのだろうか、自分はどう対応すればいいのかなど悩んでいる人はきっと多いはずです。

"果報は寝て待て"ということわざがあります。"幸運の訪れは人間の力ではどうすることもできないから、焦らずに時期を待て"という意味ですが、何も努力しなくていいというわけではありません。

いい結果を出すためには、しっかりとした努力が必要です。ただ何もせず待っているだけではチャンスはやってこないのです。これは仕事についても同じです。**いつだろうとただ思っているだけでなく、自分の方から具体的な提案をしてみることが大切**です。

たとえば

「その時期は、いつ頃と思ってくださっていますか」

**「新しいプロジェクトですか！　とても興味があります。よろ
しければ教えてください」**

このように、スケジュールや仕事の内容などの条件を絞り込ん
で提案してみましょう。

これらの問いかけには次の3つの効果があります。

①やる気とモチベーションが上司に伝わる

ぜひ自分をその仕事のメンバーに加えてほしいという熱意を上
司は感じます。上司もあなたがやる気をアピールするのを待って
いるのかもしれません。上司のあなたを見る目が変わり、信頼関
係が深まるきっかけになります。

②チャンスが広がる

「では次期に開始する予定のプロジェクトについて、説明する
時間をつくろう」と、一気に話が具体化する可能性もあります。
チャンスを生かせるように自分の強みを整理しておきましょう。

③次の機会を生かすための対策ができる

自分から具体的な質問ができないのは、「君をプロジェクトメ
ンバーに加えるのは、まだ難しい」と、上司に言われてしまうこ
とを恐れているからかもしれません。しかし上司から期待してい
た返事がもらえなくても、社交辞令を真に受けてしまったのかと
がっかりする必要はありません。

ポイント

具体的な問いかけが事態を前進させ、チャンスを広げる。スケジュー
ルや内容など、条件を絞って提案する。

比喩表現を用いて相手に新しい気づきを与える

いつもと違うアイデアで
信頼感を得る

たとえることで伝わる

　通常よく耳にする比喩表現は、相手にわかりやすく伝えるために何かにたとえるというものです。たとえば広い場所にいるレポーターやアナウンサーの決まり文句、「**ここは東京ドーム〇個分です**」が代表的な例です。

　さらに、会話のなかで使う比喩表現は、わかりやすく伝えるだけでなく、相手の心を動かす働きをする場合があります。比喩の使い方で聞き手への伝わり方が大きく変わるだけでなく、新しい発想が生まれます。

　例を挙げて説明しましょう。
　AさんとBさんの2人が、長い年月をかけて開発された新品種のお米のイメージ広告戦略について話しています。

Aさん「このブランド米は、約15年の歳月をかけて開発された新品種のお米なんです」
Bさん「15年とは長いですね。たとえて言うと、生まれたばかりの赤ちゃんが高校に入学するくらいまでの長い年月ですね」

> **Aさん**「たしかに。そのように考えると、お米の新品種開発は、どこか
> 　　　　子育てと似ているのかもしれませんね。子育て世代には、この
> 　　　　お米の開発期間の長さがリアルに伝わるのではないかと思いま
> 　　　　す。広告のビジュアルには、小さい子どもや高校生のいる家族
> 　　　　が食卓を囲んでいるようなシーンはどうでしょうか」
> **Bさん**「いいですね。食卓に笑顔があふれる美味しいお米のイメージで
> 　　　　すね」

「15年の開発期間」を「赤ちゃんが高校入学までに成長する年月」
にたとえたことで、どれほど長い期間であるかリアルに伝わって
きます。

　Bさんは、Aさんが「新品種の開発は子育てと似ている」と発
言すると予想して比喩表現を使ったわけではありません。2人の
発言がお互いに刺激し合って、発想が広がっています。

　**相手の心を捉え、アイデアを生み出すもとになる比喩表現には
特徴があります。**

　誰でもそのシーンがすぐ目に浮かぶような表現だと、とても効
果的です。たとえば「子どもが成長する15年間」は、赤ちゃんが
ミルクを飲んでいる姿やよちよち歩きをはじめた様子、体より大
きいランドセルを背負った入学式、高校の校門をくぐる制服姿な
どが目に浮かんで、とても映像的な比喩表現です。

　また、このような気づきやアイデアを与えてくれた人に対して、
人は心を寄せたくなるものです。ぜひ比喩表現を取り入れてみま
しょう。

ポイント

心を動かす比喩表現から、新しい発想が生まれる。相手の心を捉え
られるので、積極的に取り入れたい。

あいさつができる人は仕事ができる

意識して実行すれば
チャンスがめぐってくる

自分の存在をアピールするあいさつ

　選挙が近づくと、朝、駅前で見かけるようになる風景があります。自分の名前を書いたたすきをかけた候補者が「おはようございます」「今日も一日頑張ってください」と声をかける、いわゆる辻立ちです。彼らの目的は、一人でも多くの有権者に自分の名前を知ってもらうことです。朝のあいさつをただひたすら続けながら、自分の存在をアピールしているのです。

　このようにあいさつには、**自分のことをまだほとんど知らない人やかかわりがない人にも声をかけることができるという利点**があります。

　これは政治家だけでなく一般の私達でも同じです。

　毎日きちんと「おはようございます」と声をかけていれば、相手はだんだんあなたのことを覚えていきます。どんな日も元気な声と笑顔であいさつし続ければ、好印象でまわりの人の記憶に残るはずです。

　そしてできれば「○○さん、おはようございます」と挨拶の前

後に相手の名前を入れてみましょう。名前を呼ばれると親近感を感じるようになるので、積極的に呼ぶようにしてみてください。

「○○さん、おはようございます」と自然にあいさつできるようになったら、次は一言添えるようにします。「今日も暑くなりそうですね」のようなお天気に関するものでもいいでしょう。この一言で相手との距離感が近くなるはずです。

さらに一歩近づくには、さりげなく相手を気遣う一言を加えてください。たとえば「○○さんは残業が続いているようですが、お疲れではありませんか」や「ちょっと風邪声のようですが、ご無理なさらないでくださいね」のように、相手を思いやる言葉を加えるといいでしょう。

すべての人間関係は、あいさつからはじまります。ビジネスの場においても、あいさつはコミュニケーションの第一歩になります。

それにあいさつは、目下の方からすることが一般的です。若手の社員にとっても、普段話す機会はない管理職や役員と直接言葉をかわすチャンスになります。**“毎朝元気にあいさつする社員”としてあなたの存在が印象に残れば、いつか仕事のうえでチャンスにつながるかもしれません。**

元気よくあいさつすると、印象がよくなるだけでなく自分自身の緊張をほぐすことができます。もしも、まだあまりなじんでいない場にいたとしても、あいさつが気持ちの切り替えスイッチになる場合もあるのです。

ポイント

あいさつは自分を印象づける便利なツールである。あいさつで人間関係を強化すれば、チャンスにつながる。

目標意識を持たせる言葉が成長を促す

判断に迷ったらまず自問
それで仕事の見え方が変わる

自分を見つめる重要性

　仕事で判断や選択に迷ったら、あなたはどのようにして決断していますか。そんなときは自分自身に問いかけること、つまり**自問自答からはじめる**ことが大切です。

　信頼できる上司や先輩、仲間に相談する人もいるでしょう。他人のアドバイスに耳を傾けることは、決して間違いではありません。客観的な助言や合理的な意見は参考になりますし、第三者と話すことで視野が広くなるケースもあります。
　しかし、**大切な選択だからこそ、答えは自分の内で見つけることが重要**です。

　たとえば複数の案件のなかからどれを担当したいかと上司から言われたら、あなたは何を基準に選びますか。ここで自問自答が役立ちます。
　たとえば——、

「自分は、どんな目的でこの会社に入ったのか」

| 「何のために、この仕事を選んだのか」

といった根本的な質問を自分に投げかけてみましょう。

仕事はいつも「やりたいこと」で満たされるわけではありませんが、「やらなければならないこと」だけに追われていては、人生の目標を見失ってしまいます。

自分の価値観や使命感に沿っていれば、たとえハードな仕事でも義務感ではなくやりがいを感じることができるはずです。

それでもどうしても答えが見つからないときは、もっとシンプルな問いに立ち返ってみてください。

それは「**自分が嫌だと感じることは何か**」です。

たとえば、嫌なことが「前例踏襲や、古いやり方に縛られること」なら、あなたが大事にしたいことは「新しいアイデアが求められる仕事」ということになります。

また「短期間で結果が求められる」ことが嫌なら、「コツコツと続けて成果を出す仕事」を選択すればいいわけです。

自問自答は、頭のなかで自分に質問して答えるという一見地味な作業です。しかし何か難しい判断をしなければならない状況に直面するたび問いかけを続けていれば、本当の自分が見えてきます。自分で答えを見つける習慣は、自身の成長につながります。

自問して選んだ道なら、万が一思ったような結果が出なくても軌道修正の方法も自分で見つけることができるはずです。

ポイント

人生や仕事に迷ったら、まず自問自答する。自問自答の習慣は、自身の成長にもなる。

自ら成功を引き寄せるワンフレーズ

チャンスは
「ぜひ私に!」の一言から

> 「ぜひ私にやらせてください」
> 「私に任せていただけますか」

これらは成功する人達の間で共通している強力なフレーズです。

AさんとBさんの例で考えてみましょう。2人は働き方に大きな違いがあります。

Aさんは、自分のペースで仕事をすることを好み、進行中の案件に集中するタイプです。そのため新規の依頼や頼みごとは、基本的に断ります。

一方、Bさんはどんなに忙しくても何か頼まれると滅多に断ることはありません。「その仕事、私にさせてください」「私に任せていただけませんか」と、進んで引き受けます。

では、どちらが成功のチャンスをつかむ確率が高いでしょうか? その答えはBさんです。

目の前の業務に打ち込むAさんのやり方は間違いではありませ

んし、仕事の完成度も高いでしょう。しかし新たな仕事や依頼を
避けることで、重要な出会いや貴重な機会を逃しているかもしれ
ません。

　それに対してBさんは、時間や手間がかかりそうな頼みごとも
引き受けます。その結果、時には時間のロスと感じる場合もあり
ますが、すぐには見えない利益や価値を生み出すことがあります。

率先力を身につける

　**新しいタスクは、知識やスキル、経験をバージョンアップする
絶好のチャンス**です。並行してやらなければならないことがある
なら、同時進行のための時間管理やタスク管理が身につきます。
はじめての経験は、その人の成長に繋がることが多いのです。

　さらにBさんのような人は、「何かあったらあの人に頼んでみ
よう」「困ったときにはあの人に頼るのがいい」という存在になり、
その結果、**まわりに人が集まり豊かな人間関係に恵まれるように
なります**。

　信頼関係で結ばれた仲間は、新しいチャンスや情報をもたらし、
強固なチームをつくり上げる可能性を秘めています。

　忙しいときに新たな仕事や頼み事を引き受けるのは勇気がいる
ものです。それでも一歩前へ出てみてください。
　仕事でも人間的にも成長が見込め、人生を豊かにすることがで
きます。

ポイント

「私にやらせてください」というワンフレーズによって自分の成長を
引き寄せる。

デキるビジネスパーソンの
聞き方講座 ステップ3

　話し相手のことをよく調べずに話をしてしまい、話がうまく噛み合わなかったという経験はないでしょうか。

　相手のことを事前に調べておくのは、ビジネスパーソンなら必ずしておくべき行動です。相手を下調べしておけば、相手の意見や考えがスッと頭に入りやすくなるだけではなく、より掘り下げた会話ができるため、信頼関係や協力関係が強固になります。

　もし信頼関係や協力関係をさらに深めたいのであれば、褒め上手になることを心掛けましょう。誰でも自分の仕事を認められたり、称賛されたりすることは嬉しいものです。相手のモチベーションが高まり、成果を上げるための励みにもなります。

　もちろん褒め上手に徹していれば万事解決というわけにはいきません。相手の話にしっかりと耳を傾けて、事実と意見を聞き分けることも、デキるビジネスパーソンにとって必要不可欠です。相手のことを調べたうえで、相手の立場や意見を尊重しながら、建設的なディスカッションをする——、この大前提がなければ、いくらお世辞に長けた好人物だとしても、いい関係性はつくれないと思ったほうがいいでしょう。

第 **9** 章

ワンランク上の
プレゼンの技術を
身につけよう

プレゼンは口頭での説明に加え、パワーポイントでの資料づくりも肝心。難しく感じがちなプレゼンを成功へと導くコツを解説します。

いいプレゼンとは何か?

入念なリサーチを行い
相手のニーズに応えた提案

プレゼンは準備で決まる

　うまく話せればそれに越したことではありませんが、プレゼンはその場で完結するスピーチコンテストではありません。言うまでもなく、具体的な提案の中身こそ重要なのです。

　話し方が少々拙くても、内容で相手の心をつかむことができれば、それはよいプレゼンだったといえます。そしてその内容を左右するのは徹底した準備です。つまり**プレゼンの成否は準備の段階でほとんど決まっている**のです。

　プレゼンには必ず聞き手となる相手があります。言い換えるなら、プレゼンはその相手のために行うもの。そこでまず、相手を知るように努めましょう。**相手のニーズがどこにあるのかを正しく探る**のです。それが準備の第一段階であると同時に、最も重要なポイントです。

　相手の会社にも公式HPがあるはずです。そこで理念やビジョン、事業内容など基本データをしっかりとチェックしておきます。その会社の現状を知るのはもちろん、そこから今まさに相手が求めているものが見えてくることもあります。また、場合によって

は問題点も見えてきます。そうした情報を通じて、相手のニーズがどこにあるのかを推測するのです。

　提案の骨子を固める前に、テーマに応じた本に目を通しておくことも大事です。関連書を時間の許す限り手に取って、ベースとなる知識を補強しておきましょう。そうして資料のたたき台ができたら、適当なところで満足せず、くり返しブラッシュアップします。

　本番を見すえたシミュレーションも必須です。その際、第三者に必ず客観的なチェックをしてもらうこと。ストーリーが論理的かつわかりやすいのは大前提です。ここでは次の点を押さえているかを確認します。プレゼンを成功に導く３つの要素です。

プレゼンで重要な3つの要素
①「相手が求めていること」を提案する
　　相手のニーズに適う提案はプレゼンの前提。
②「次」の展開を設定しておく
　　次の展開への期待感は相手の興味を確実に引く。
③「突出したポイント」を用意する
　　コンペの場合は目立つことも重要。

　コンペ方式では**競合相手に負けないよう目立つためのアピールも必要**です。次の展開や、突出したポイントはその際に生きてきます。最終的に相手のニーズに沿った提案ができれば、採用の可能性はぐっと近づいてきます。

ポイント

ただ提案を伝えるだけでなく、相手のニーズを満たすことで採用の可能性も高まる。そのために徹底的な準備が必要。

プレゼンは目的によって 5つの種類に分けられる

提案者である自分が、聞き手である相手に何を求めるか。その**目的によってプレゼンは次の5つの種類に分けることができます。**

① 【購入】を促すプレゼン

（商品・サービスの営業）

プレゼンがうまくいって、相手にこちらの商品やサービスを購入してもらうのが目的。つまり営業目的のプレゼンです。対象となる商品の仕様やターゲット、競合商品との差別化など、セールスポイントを具体的に説明します。競合相手が多いほどハードルが高いことは言うまでもありません。

② 【採用・導入】を求めるプレゼン

（人材や企画の採用、ＩＴシステムの導入など）

人やシステムを採用もしくは導入してもらうためのプレゼンです。人材を登用・採用したり、あるいは新規にＩＴシステムなどを導入することは、会社や組織自体に大きな変化をもたらします。万が一、想定通りの効果が出なかった場合の対策まで提案できることが理想です。

③【協力】を求めるプレゼン

（募金・協力金、署名、啓発活動など）

　募金や署名は実利を得るために行うものではありません。啓発活動も同様。基本的にはお金や労力の持ち出しになります。それだけに相手に信頼して協力してもらえるような説得力を持ったプレゼンが必要です。

④【理解】を求めるプレゼン

（現状報告、方針発表、商品紹介、セミナーなど）

　プロジェクトや商品について、どのような方針で望んでいるのか、現状はどうなっているかを相手によく知ってもらうためのプレゼンです。

⑤【関心・好意】を求めるプレゼン

（会社紹介、会社説明会など）

　何かを提案するというより自己紹介に近いもの。こちらのことをよく知らない相手から関心や好意を得るのは簡単なことではありません。話す内容だけでなく話し方も含め、事前にシミュレーションを重ねて本番に挑みましょう。

　便宜的に5つに分けてみましたが、いくつかの目的が混ざり合った形のプレゼンもあります。

ポイント

プレゼンは聞き手に何を求めるかによって5つに大別される。話す内容も必然的にそうした目的に沿ったものでなければならない。

パワポは文字を減らせ

見栄えは気にせず
内容で勝負する

パワポ（パワーポイント）が便利なツールであることは、今さらくどくどと説明するまでもないでしょう。

とはいえ便利さゆえのデメリットもあります。**簡単にいろいろなことができるため、ついやり過ぎてしまう**のです。相手に伝えたいことを過不足なく伝えるにはシンプルなのがいちばん。次に挙げるのはパワポで資料を作成する際に注意しておきたい点です。

パワポで資料を作成するときの注意

① １スライドにつきメッセージ（テーマ）はひとつ。多くを詰め込むと内容が散漫になる。

② 相手が興味を抱く新しい情報、意外性のある情報を。

③ 資料は理解できなければ意味がない。テキストは読みやすい大きさ・長さで。

④ 相手が質問などを書き込むための余白を用意する。

いろいろな飾りつけができるのがパワポの魅力ですが、それはプレゼンの内容とは関係ありません。**シンプルでわかりやすい資料を目指し、まずは文字を減らすことからはじめましょう。**

　ペーパーレスの時代ではありますが、いきなりパワポ上で資料をつくりはじめるのはお勧めできません。最初に紙でプロットをつくっておくほうがより効率的です。そうやって紙のうえでアイデアを十分に煮詰めたら、上司や同僚にチェックしてもらいます。紙で見せてOKが出てからパワポ化をしても遅くはありません。

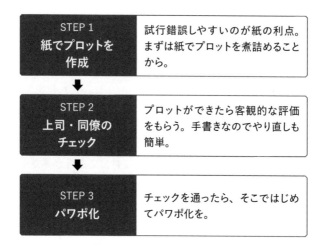

3ステップで効率的に

STEP 1 紙でプロットを作成	試行錯誤しやすいのが紙の利点。まずは紙でプロットを煮詰めることから。
STEP 2 上司・同僚のチェック	プロットができたら客観的な評価をもらう。手書きなのでやり直しも簡単。
STEP 3 パワポ化	チェックを通ったら、そこではじめてパワポ化を。

　プロットを完成形まで持っていったら、パワポ化は手慣れたチームの仲間にお願いしてもいいかもしれません。いずれにしても**パワポはツールに過ぎません。便利に使って過度に依存しない**くらいの距離感がちょうどいいでしょう。

ポイント

資料は見栄えより中身が肝心。パワポ資料をつくる際はやり過ぎに注意する。また、最初は紙でプロットを立てておくと修正も簡単。

自分のバックグラウンドを掘り下げる

何ができるかを知ることで
自分の果たせる役割がわかる

　プレゼンを前に、自分（たち）のバックグラウンドを知ることに何の意味があるのか。そうした疑問があるかもしれません。でも考えてみてください。プレゼンの成功は、相手がこちらの提案に耳をかたむけ、その必要性を理解することではじめて約束されるものではないでしょうか。それには**相手が何を求めているのか、今どのような状況におかれているのかを把握する必要があります**。同時に、そうした**相手のニーズに対して自分が果たせる役割について考えることも大事です**。自分のバックグラウンドを掘り下げるのはそのためです。

準備段階からプレゼン本番までの流れ

①相手のニーズを把握する

　相手について可能な限りリサーチし、そのニーズがどこにあるのかを具体的にイメージする。

②自分について掘り下げる

　自分が果たせる役割は何かを考え、自らの経験や実績、スキルやノウハウを掘り下げてみる。

③本番に備えた具体的なシナリオの作成

　相手のニーズに沿った具体的な提案を用意し、プレゼン資料としてまとめる。

④プレゼン本番

　実績やノウハウなどをアピールし、競合に対するアドバンテージを説明。「自分に何ができるのか」を伝える。

　相手が自分に何を求めているのか、何を期待しているのかがわからなくてもプレゼン当日はやってきます。そういうときは別の角度から自分が負うべき役割を把握しましょう。

【与えられた役割を全うするための３つのメソッド】

・自分が担当に選ばれた理由を考えてみる
　そもそもなぜ自分が今回の担当に就いたのか。上司が自分のどこに期待したのかを考えてみる。
・目の前の担当範囲に責任を持つ
　今回の仕事で何ができるのか、プレゼンで何を訴えることができるのかを自覚し、担当範囲に関する責任を持つ。
・相手に探りを入れる
　相手のニーズがわからないまま当日を迎えても、焦らず相手とのコミュニケーションを通じて反応を探る。

ポイント

相手のことを知り、そのニーズに応え得るすべが自分のなかにあるかどうかをまず自問してみる。

聞き手の興味を引くために意外性を用意する

インパクトのある演出は
プレゼンの場でも有効

プレゼンの場には、相手もそれなりの心構えでやってくるはずです。こちらが何を提案するか、内容を予測したり、それに対する返答まで用意してきているかもしれません。そんな準備万端ととのえている相手の心を、ありきたりの内容、無難な進行で動かすことはできません。そういう場合にはインパクトのある演出が効果的。そしてその演出には意外性を盛り込むことが何より大事です。相手の興味を引きたいときは、次のような手法を試してみましょう。

重要な情報があると前フリする

プレゼンがはじまるや否や**「本日は重要な情報をお持ちしました」と宣言することで、一瞬にして相手の興味を引きつける**ことができます。もちろん文字通り「重要な情報」である必要があります。たとえば先方がどうしてもほしくて手に入れられなかった情報や、大きな課題を解決する方法、あるいは成功を約束するような心強い味方などが考えられます。自信がなければ使いにくい前フリですが、言えることがもしあればぜひ試してみたいところです。

冒頭から相手の知らない情報を提示する

これも勝負どころをツカミにおいた演出になります。**冒頭から目新しい情報をあきらかにすることでプレゼンの主導権を握る**方法です。もちろん、こちらにもリスクはあります。やはり相手がすでに知っている情報だった場合は、未知の情報を知ったときの驚きと同じくらいの失望を買うことになるでしょう。相手にサプライズを与えるには、事前の徹底したリサーチが必要ということです。

そうして提供した情報が相手の関心を呼ぶものだったり、相手に大きなメリットがあるものだったりしたら、その後の展開をかなり有利に進めることができることでしょう。

もちろん、こちらの提案内容が最終的に相手の意に染まらなければそれまで。ただ、プレゼン成功のためにできる手はすべて打っておいて損はありません。プレゼンでは、ときには演出も必要です。誤解をおそれず言うなら、演出の巧拙が採否さえ左右することがあるということを常に念頭に置いておきましょう。

プレゼントにも
サプライズが必要！

ポイント

内容は大事だが相手が興味を持ってくれなければ意味がない。意外性のある演出で、相手の興味をぐっとこちらに向けよう。

大事なことは繰り返し伝える

何度も伝えることで
記憶に残りやすくする

繰り返す必要性

大事なことは繰り返す。これはプレゼンの場でも重要なテクニックです。毎年の流行語として記憶される単語やフレーズの多くは、まさに繰り返しによって人の心に残るものとなっているのです。これをプレゼンで利用しない手はありません。

自分としてはちゃんと説明しているつもりでも、相手が重要ポイントを正しく認識してくれるとは限りません。一度に多くの情報と向き合った場合、優先順位をしっかり把握するのは難しいからです。したがって、**これだけは絶対に理解して帰ってもらいたい核心部分は、相手の記憶にしっかり残るよう、繰り返し伝えるようにしましょう。**

【繰り返しのタイミング】

1：キーワードが出てきたとき

2：聞き手から質問があったとき

3：最後のまとめのなかで

　1つ目は**プレゼンを進めるうちにキーワードが出てきたタイミング**。つまり核心となる単語やフレーズ、あるいはそれらを含む一連の内容を伝えるタイミングです。繰り返す前に「大事なことですので、もう一度言いますね」と前フリするとさらに効果的です。

　2つ目は**相手から質問があったとき**。プレゼンのなかで、ここがよくわからないなどと確認を求められるのはよくあることです。この場合、相手が細かく確認をしたいところである可能性が高いので、ゆっくりと相手の反応を見ながら説明を繰り返しましょう。話の途中だからと保留したり、適当に受け流してはいけません。

　3つ目は**最後のまとめのタイミング**。いわゆる念押しです。その日のプレゼンをざっと振り返るなかで、相手の記憶にしっかり残るよう、特に核心部分を繰り返し強調するのです。提案の内容をあやふやなまま持ち帰られるとお互いにあとで困るので、この最後のまとめは肝心です。

　繰り返すことで相手の記憶に残りやすくなる。単純ですが絶対の真理です。しつこいかもしれませんが最後にもう一度。「大事なことは繰り返す」。これが大切なのです。

ポイント

大事なことを相手にしっかり認識してもらうには繰り返しが効果的。正しいタイミングで提案の核心部分を繰り返そう。

付加価値を盛り込む重要性

自分と組むことによるメリットを
強くアピールすることが大事

　コンペ方式のプレゼンでライバルを制するには、相手（クライアント）の要望にただ応えるだけでは十分とは言えません。数ある候補のなかから選ばれるにふさわしい、決定打となる要素が必要です。それが**付加価値**です。ほかの候補よりあなたの会社と組んだほうが得だと思わせるだけの付加価値を盛り込めれば、勝負はもう決まったようなもの。それだけに最初の段階からこれを念頭に置いてプレゼンの準備を進めていくことが大切です。

「付加価値」の見つけ出し方

1：担当者から直接リサーチ

　事前にクライアントの担当者にコンタクトをとり、相手の意向や採否の決め手、今回の案件で重視している点などを聞き出します。

2：1の情報を踏まえて叩き台をつくる

　クライアントからの情報をもとにプレゼン資料の叩き台をつくります。ただし、ここまでで満足してはいけません。

3：相手が知らない付加価値を盛り込む

　叩き台に自分独自の情報（あるいはデータやノウハウ）を盛り

込んでブラッシュアップします。当然、相手もライバルも知らない情報でなければ付加価値にはなり得ません。

　付加価値がなぜ重要なのか。それは相手にとってもメリットになるからです。担当者は採用した提案を会社に持ち返って、今度は自ら社内プレゼンを行うのが通例です。そのときこちらが用意した付加価値は担当者にとっても強調材料となります。

　内容以外でも、相手にメリットを感じさせることができれば申し分ありません。自分がベストパートナーになり得るということを積極的にアピールしましょう。

相手にメリットを感じさせるアピール法

[組んだら得だと思わせる]

自分 「必要な情報や資料はこちらでご用意いたします」

「この人と組めば上司にも話が通しやすくなるな」 相手

[専門家として頼りになると思わせる]

自分 「我々の専門で実績もありますので万事お任せください」

「専門性の高いこの人と組めば間違いないだろう」 相手

　何かあったらこちらに頼ってくれという姿勢を見せることで、相手の信頼を勝ち取ることができるのです。

ポイント

コンペに勝ち抜くには付加価値が必要。プレゼン相手もライバルも知らない、とっておきの情報やデータを提案内容に盛り込む。

デキるビジネスパーソンの
聞き方講座 ステップ4

　あなたの話の聞き方次第で、先方のあなたに対する興味・関心は変わってくる——と、ここまでのコラムで説明しました。より興味・関心を持ってもらうためには、黙って話を聞くだけでなく、相手に適切な質問を投げかける必要があります。

　まず、興味・関心を引くために、相手の得意分野を事前にリサーチすることが大切です。たとえば、相手が新しい業務に取り組んでいたら、それに関連する知識をインプットして、いくつかの質問を用意するようにしましょう。相手が情熱を持って語れる話題というのは、相手が一番強みとしているものです。話題を盛り上げるために、知識を頭に入れておいて損はありません。

　また、相手が一度質問に答えたあとも、続けて質問を重ねることがポイントです。継続的な質問というのは、より深い情報を引き出す効果があります。たとえば、「そのプロジェクトで直面した困難はありましたか？ それをどのように乗り越えましたか？」といった具体的な質問を重ねることで、どんどん詳しい情報を引き出せるのです。

　そして、それ以上に相手に興味を持ってもらうには、相手の意見や考えに対して共感や称賛を示すことを忘れないようにしましょう。

第 10 章

結果を出せる
メールの技術

ビジネスでは必須のメール。口頭での説明とはまた少し違った
スキルや注意が必要です。気をつけるべき点を把握し、結果に
つながるメールを作成しましょう。

送信者を明瞭にする

メールで緊急性を
アピールする方法

送信相手は誰?

　仕事で毎日のように大量のメールをさばいているという人は多いでしょう。そんななかで、自身が送った緊急性の高いメールを受信者側に見落とされてしまうと、仕事での大きなミスにつながることになってしまったり、お互いの関係性の悪化を招くことになります。

　まず、知っておかなければいけないのは、受信者がメールを確認する場合、最初にどこに目がいくのかということです。正解は**「送信してきたのは、いったい誰なのか」**です。

　受信者は「送信者名」のあとに「タイトル」に目をとめて、メールの内容を確認して、受信メール確認の優先度を決めることになります。

　このことから、メールを素早く確認してもうために、もっともアピールしなければいけないのは、「送信者名」ということになります。

　そこで、具体的に受信者に素早く送信者名を知ってもらう方法を2つ紹介します。

1：送信者名のローマ字登録はNG　日本語で登録を

　メールの初期設定をする際に、「送信者名」を登録しますが、ここで注意が必要です。ローマ字名で登録する方がいますが、通常やりとりする相手が日本人ならこれは避けたほうが無難でしょう。**アルファベットよりも、日本語表記の方が早く判断してもらえます。**ローマ字名だと一瞬で認識することができず、受信した方が見落としてしまうこともあります。メールの初期設定の時点で、しっかりと日本語の表記で登録をしましょう。

2：タイトル欄にも送信者の名前を入れておく

　「タイトル」にも送信者名を入れておくのも工夫のひとつになります。受信者が「送信者名」の確認をした際に目が止まらなくとも、再び**「タイトル」で、「送信者名」を確認できれば、すみやかな開封につながります。**また、返信された際には、自分にもわかりやすくなるというメリットもあります。

　また、緊急性のあるメールを送った際に確実に折り返してもらうためにも、工夫が必要になります。

　送信者の署名欄に携帯番号、プライベートのメールアドレス、SNSアカウントなどを記載しておきましょう。

　送ったメールを受信側が確認したか、送信者側が確認をできない状況にあるときもあります。その場合、署名欄にメール以外の連絡先が記載されていれば、緊急性を考慮してメール以外の方法で素早く連絡をもらえることもあるはずです。これで、最短で危機に対処をすることにもつながります。

> **ポイント**
> メールは送信者名を日本語にして、受信者に確実に伝える。タイトル欄にも送信者名を記載する。

返信の有無は件名で差が出やすい

メールのタイトル欄には
送信した目的を示せ

　メールの返信を確実にもらいたいとき、送信者が誰なのかを確実に伝える以外にも工夫があります。

　まず、確認をしたいのが、何のためにメールを送っているのかです。実は、メールを送る理由を大きく分ければ、「報告」「連絡」「相談」の3つしかありません。送信する理由は、実際にはそれほど多くはないのです。今回のメールはどの内容になるのか、タイトルに示すだけで、受信者は対応がしやすくなり、重要なメールを見落とさなくなります。

・送信者の判断で行った作業の【報告】

　送信者側の判断で対応可能だったものを、共有する内容になります。ただ、この場合、「報告」を受けた受信者が、アドバイスや指示を出すこともあります。その場合は返信を必要とします。必ずではないですが、必要に応じて、「返信をお願いします」「情報を共有します」などの一文を最初に使いましょう。

・仕事が問題なく進んでいる【連絡】

　指示を仰いだり、アドバイスを必要としない単純な変更事項な

どがあった場合に使います。基本的に返信を求めるものではありません。ただ、見逃されると仕事に支障をきたすこともあるので、最初に「念のために連絡をさせていただきます」「会議の日程に変更があります」などの一文を入れましょう。

・判断を仰ぐために【相談】

送信者からアドバイス等を求めるものです。送信者は次の指示を待っている状況でもあるので、返信は必ず欲しいものです。送信者側は最初に「ご意見をうかがいたいです」「お願いしたい件があります」などの一文を入れて、返信を促しましょう。

ほかにもある! 返信を促すテクニック

「報・連・相」をタイトル欄に記入する以外にも返信を促すテクニックはあります。同じくタイトル欄の工夫として、「報・連・相」にも**重要**「**要返信**」などを記載すると、受信者の注目度が大幅に上昇します。

そして、いくつかの内容の返答を求める場合は、メール本文での**質問事項の箇所を箇条書き**にしましょう。これであれば、受信者は質問の要点を確認しやすく、返信も短く答えやすいので、作業が楽になります。

また受信者の状況に応じて、電話やSNSで連絡をすることで、相手の負担を軽減することもできるはずです。臨機応変に対応しましょう。

ポイント

「報・連・相」をメールのタイトル欄に記して、受信者の見落としを防ぐ。
本文での質問は箇条書きで受信者の負担を軽減。

あなたは守れているか？
メール本文　4つのポイント

　多くの社会人は、小学校で作文用紙の正式な使い方を習った経験があると思います。しかし、メールの書き方となると、学生時代に何か系統立てて勉強したという方は、多くはないでしょう。

　そもそもメールの書き方に、正式なルールというものはありません。

　よく言えば、個性が出やすいと言えますが、実際のところ、**非常に読みにくい書き方をしている方も少なくありません**。しかし、何か決まりごとを破っているわけではないので、指摘されることもなく、自分では気づきにくいでしょう。

　ただ、気づかないままでいるのは問題です。あまりに読みにくいメールの書き方であれば、見ただけで読む方は、意欲を失ってしまい、仮に内容が素晴らしくとも、頭のなかで消化されないかもしれません。結果として、自身の仕事にも不利益を与えてしまうことも考えられます。

　ここではメールが読みやすくなる4つのポイントを、紹介します。

① 全体をブロック分けする

　メール本文をブロック分けすることで、メール全体の構成が一

目でわかるようになります。ひとつのブロックは3〜4行が読みやすいです。

② 大事な文は前後で改行

　大事な文は、前後で改行をしましょう。改行することで、この大事な文が強調されます。

③ 返信メールで不用な文をカット

　メールを返信する際、不用な文はカットしましょう。そのまま引用をし続けてしまうと、必要な情報を振り返ることが手間になってしまいます。

④ 右端まで文を続けない

　折り返す右端まで書き続けてしまうと、文章は読みにくくなります。そこで、読みやすさを考慮して途中で折り返して改行をしましょう。また、句読点を打ちやすいところで改行すると読みやすくなります。単語の途中で改行すると、読みにくくなりますので注意しましょう。

　自分が送信していたメールで、以上の注意事項がしっかり守られているか、あらためて確認をして、問題を感じた箇所は今後、修正をしていきましょう。

ポイント

メール本文は全体をブロック分けして、見やすくしよう。大事な文は前後で改行すると目立つ。また文は右端まで続けてはいけない。

メールには必ず署名をつけよう

メールの初期設定で忘れるな
署名欄の氏名は漢字で記載

　メールを初期設定する際に、忘れてはいけないのが、メール本文の最後に記載される署名の設定です。

　この設定は、たかが数分でできるものですが、忘れてしまうと仕事を続けるなかでトラブルに発展することもあります。

　では、署名欄には最低限、どんな内容が必要であるのか、確認をしておきましょう。

・漢字で氏名

・社名

・部署名

・携帯電話番号

・電話（会社 or 部署）

　メールの送信者が、自身の氏名を記さないことは、時と場合によりあり得ることです。また、送信者欄をローマ字で記載している方もいます。受信者があらためて返信をしようとすると、送信者の漢字がわからないことがあります。さらに、メールの本文中に、自身の名前を「たけだ」などと、平仮名で表記する方もいますので、

その場合、「武田」なのか「竹田」なのか、受信者側はわからないこともあります。そんなときに、**しっかりと署名欄で氏名が漢字で記載されていれば、受信者側は困ることはない**でしょう。

　また、受信したメールの内容によって、状況を判断した結果、携帯電話や電話で確認をしたり、（今でもFAXで）何かしらの資料を送ることにもなるかもしれません。そのため、これらの情報も、必要に応じて忘れずに署名欄には記載をしておくべきです。

　署名で書かれているような情報は、名刺にすべて書いてあると考え、あまり必要性を感じない方もいるかもしれません。

　しかし、パソコンを扱っている最中に、名刺をあらためて探させる手間をかけることにもなるので、この考え方は親切とは言えません。署名欄には必要な情報をしっかりと記入して、仕事をスムーズに進めましょう。

　ちなみに、多くの方へ一斉にメール等を送る場合は、あまり個人の情報を記したくないと考える方もいるでしょう。特に会社支給の携帯電話ではなく、プライベートでも併用している携帯電話であれば、抵抗があることもわかります。

　そんな場合は、複数のパターンの署名を登録できるメールソフトを使うなど、**送信する相手によって、署名を使い分けることも検討をしましょう。あまり情報を明かす必要がない相手への署名欄には、会社の電話番号が記載されていれば、携帯電話の番号は不要でしょう。**

ポイント

メールの署名欄には、漢字で氏名、社名、部署名、携帯電話番号、電話番号（会社 or 部署）を忘れずに記載しよう。

相手が返信しやすい文面で送る

リアクションに困る
メールは送らない

　メールを送信した場合、送信者側が持つ期待と、受信者側のリアクションは、それぞれ2つに分かれます。

期待とリアクション

	送信者	受信者
①	返信を期待する	返信する
②	返信を期待しない	返信する
③	返信を期待しない	返信しない
④	返信を期待する	返信しない

　①の場合は、お互いの意思が疎通していますので、まったく問題がないでしょう。

　②の場合は、送信者側は気づいていなかったことに、受信者が何かしら気づいて返信してきた可能性があります。

　その場合は、受信者に感謝をして、やり取りを続ければいいので、こちらも問題ありません。

　③も①と同じで、お互いの意思が疎通できていますので、こちらもまったく問題はありません。

　問題は④です。

　返信がないと仕事を進められないような場合、業務に支障をきたします。また、送信者は、返信をしてこない受信者の怠慢に憤ったりすることもあるかもしれません。このことで、人間関係の悪化を招く可能性もあります。

　ただ、少し落ち着いて考えてみましょう。そもそも、送信者側には問題はなかったのでしょうか。返信がほしいならば、返信をしやすいようなメールにする必要があります。

返信を書きやすい文面とは

　実際に返信を書きやすい文面とは、どんなものなのでしょうか。まず、「はい」か「いいえ」、「YES」か「NO」など、受信者がリアクションをしやすい聞き方を心がけましょう。

　たとえば、「昨日の会議についてどう思いましたか？」などと、**ざっくりとした質問のメールをしてしまうと、受信者側としては、送信者側の意図がわからず、返信に躊躇**します。

　そこで、とりあえず保留して、あとで考えようと、次のメールのチェックに入ったり、ほかの用事に手をつけてしまうことになってしまうかもしれません。そうすると、メールそのものが、忘れられてしまうことになります。これでは、「返信がほしい」と希望していた送信者側の期待通りにはならなくなります。

　そんな状況を防ぐためには、「昨日の会議で○○という議題が上がっていました。○○さんは、どうお考えですか？」という書き方であれば、受信者側は返信を書きやすいでしょう。

ポイント

メールの送信者が返信を期待する場合、受信者が「はい」「いいえ」など、答えやすい文面を送る必要がある。

長文のメールは数字を振ってまとめる

整理整頓することは
メールにおいても重要

　本人は一生懸命に書いていても、だらだらとまとまりない文章は読む方にとってはとても苦痛ですし、理解をすることも困難になります。

　そうは言っても、状況によっては、長文のメールを送る必要もあるでしょう。

Aの日程はどうでしょうか？　ほかにもBについても意見を知りたいです。そしてCは今後、どんな方針でしょうか。

　以上のような書き方では、わかりにくいですよね。そんなときにおすすめしたいのが文章をまとめるために、数字を振っていくことです。

うかがいたいことが３つあります。

1：Aの日程はどうでしょうか？

2：Bについて意見を教えて下さい。

3：Cは今後、どんな方針でしょうか？

　数字を振っていくことで、文章の印象がだいぶ変わったはずです。そこで、数字を振ることの3つのメリットを確認していきましょう。

効果1：数字が振ってあると、書き手の整理につながる

　まず、書き手側にメリットがあります。番号を振っていくためには、今回のメールでいくつ伝えるべき要素があるかを自分で整理をすることになります。あらためて文章の主旨を理解することができます。

効果2：数字が振ってあると、受信者が「読みたい」と思える

　だらだらと長文で書かれたメールは視覚的にも、読む気がなくなると思います。逆に番号を振って、全体が整理されている印象を受けるメールであれば、「読みたい」と受信者に思わせることができます。結果として、大事な連絡事項を確実に把握してもらうことにつながり、ミスを防ぎます。

効果3：数字が振ってあると、返信メールに漏れがない

　数字を振ってあれば、受信者はその数字ごとに内容を整理して、理解できます。また返信が必要な際は、数字が振られた内容それぞれに、回答を書くことになります。そのため、返信メールで内容が漏れることを防ぐことができます。また返信を受けた側も、回答に漏れがないか、確認が楽になります。

ポイント

数字を振ることで書き手が内容を整理。受信者は読みやすく、返信が必要な際は内容に漏れがないように注意しやすい。

忘れてしまうのは防げない
大事なことはメールで確認

　どんなに大事なことであろうと、どんなに聞いたときにとても印象に残っていることであろうと、忘れるときは忘れてしまいます。

　もちろん、仕事に関することでも、忘れてしまうことはあるでしょう。

　ただ、締め切りなど、ビジネス上で大事な約束を守ることができないと、大きな失敗につながってしまったり、人間関係の悪化を招くことにもなります。

　そこで、失敗しないためにも、対策が必要になります。

　ひとつの方法として、忘れてはいけないことを聞いたときに、しっかりとメモを取ることも対策としてはいいでしょう。しかし、これではメモを見返さなければ、結局は忘れてしまいます。

　そこで、人間は忘れてしまうものという前提で考えましょう。それならば、大事な話をした方が、締め切りから逆算をして、まだ余裕があるときに、メールで確認することが有効だと気づくはずです。

　予定が近づいた際や、仕事の締め切りが近づいたことを知らせるために送信メールを「リマインドメール」と言います。

　リマインドメールの具体的な文としては、

> 約束をさせていただいた日が近づいていますが、進捗具合は
> いかがでしょうか。

　これで、先方がもし予定を忘れていた場合に、思い出してもらう効果があります。

リマインドメールのコツ

　メール内には、「**不明点などあれば、ご指摘下さい**」などの一文を入れましょう。もちろん、先方が困っていることがないか、解決することにもつながりますが、それ以上に、ほどよいプレッシャーを与えることもできます。

　また、リマインドメールには、関係者をCCに入れましょう。これで、**多くの証人を得ることにつながります**。「あれ、メールなんて、もらっていたっけ」と、のちにトラブルになってしまう可能性を摘むことができます。

信頼感もアップさせることができるリマインドメール

　その場だけの効果にとどまらないのが、リマインドメールです。自分が忘れそうなときや、仕事に対して緩みがでて作業が進んでいないときに、リマインドメールをもらえると、受信者として事前に仕事のミスを防いでくれた形になります。これはビジネス上、信頼感につながります。

ポイント

リマインドメールで予定を思い出してもらう。CCにも関係者を入れる。また、信頼感をアップさせる効果もある。

ビジネス用メールで食事に誘う

真のコミュニケーションは
リアルな場にある

ビジネスでメールを使う際、自分が意識をしていなくとも、仕事で使っている性質上、かしこまった書き方となり、神経を使うことになります。

ビジネスにおいて、なんとか説得をしたい相手がいたとします。そんな相手とのメールならば、何度も読み返して、文章に誤りがないか、確認をすることになるでしょう。

ただ、かしこまったメールを日々作成し、神経をすり減らしているのは、自分だけではありません。

そこで、「**今度、食事でもどうですか？**」などと、いつもと、**少し性質の違うメールを送ってみると、受信した側も、新鮮な気分を持つことができます。**

そもそも、実際に食事を共にすれば、コミュニケーションが深まり、人間関係もより円滑になるでしょう。

タイミングを見て、食事に誘うメールを送ってみてはいかがでしょうか。

ポイント

かしこまったメールだけでは関係は縮まらない。たまにはビジネスメールで食事の誘いを。

宛先ひとつで信用を落とすのもメール

重要度が低いのは？
宛名が配信されないのは？

　メールを送る際の宛先の設定について、知識が少ない方もいるでしょう。

　宛先に関して無知であると、思わぬ形でトラブルになることもあるので、あらためて確認をしましょう。

　[TO]の箇所に書かれた名前であれば、送信者側からすれば、**宛名の人へ向けたメール**という意味になります。

　一方、[CC]に記載をされた宛名は、"念のため"という意味を持ちます。わかりやすい例としては、部署の上司にも"念のため"送ることがあります。受信する側からすれば、重要度が下がっています。

　ほかにも[BCC]というものがあります。こちらに記載した宛名は[TO][CC]と違い、メールの配信先に表示されません。**こっそり送りたいとき**などに、この[BCC]を使います。ただし、大勢の人たち向けなので、**受け取る個人にとっては"手抜き"と感じられてしまうこともあるので注意が必要です。**

ポイント

こっそり送りたいときの[BCC]。大量送信メールは"手抜き"と感じられる可能性もあるので注意が必要。

法則 099

悩みや相談メールは夜に書かない

何を送るかだけでなく
いつ送るかも大切

　もし、あなたが何か思い悩んでいて、上司にメールを送ろうしている場合、時間帯が夜であるならば、少し待ってください。なぜなら、**悩みごとのメールを夜にすることはおすすめできないからです。**

　あなたが現在の職場に不満を感じ、退職を決意したとします。上司に直接会えば退職の理由を細かくたずねられたり引きとめられたりするかもしれない。電話でも、上手く説明できる自信がない。メールであれば途中で相手から質問されることもなく、自分の考えをまとめて伝えることができる。しかし、**思いつめた夜のメールでは、日中であれば書かないであろうことを書いてしまうことが往々にして起こります。** これはトラブルに発展する危険性もあります。**そもそもこのような重要な内容はメールで伝えるべきではないでしょう。**

　まずはパソコンを一度閉じて、明日の朝、もう一度考え直してみましょう。

ポイント

夜に重要なメールを送るとトラブルの危険も。とりあえず、翌日の朝まで待って、考え直そう。

誤字は関係作りに活かせる！

誤字は完全にはなくならない
開き直ってみるのも手

メールを送る際に、最低限"誤字"に注意しなければいけないことは、あえて示す必要もなく、誰でも理解をしていることでしょう。

ただ、何度も何度もメールの文章を確認したところで、**誤字を完璧になくすことは不可能です**。誰でも、誤字のあるメールを送ってしまった経験はあるはずです。

どうせ完全に防ぐことができないならば、恥ずかしがっていても仕方ありません。そこで、あえて開き直ってみては、いかがでしょうか。

> 先ほどのメールですが、正しくは「遅れてすみません」です。「奥手ですみません」は間違いです。お詫び申し上げます（恥）。

以上のようなメールであれば、受信した側は少し笑ってしまうかもしれません。**誤字を逆手にとって、より一層、良好な関係をつくっていきましょう**。

ポイント

何度確認をしても、完全はない。ピンチはチャンスと考えて、失敗を逆手にとって、さらに良好な関係を気づいてみよう。

デキるビジネスパーソンの
聞き方講座 ステップ5

....

　話し相手のことを事前に調べておく準備や、会話の際にメモを取ることと同じように、話を聞くうえで重要なことがあります。それは、相づちにレパートリーを持たせることです。

　たとえば、「よくわかります」「確かに」「なるほど」という相づちは、相手に理解を示すときに有効です。また、共感を表すときには、「おっしゃるとおりです」「私もそう思います」と、心を込めて相づちをしましょう。そして、感心を示すときには、「すごいですね！」「素晴らしいです！」など、目を輝かせるような雰囲気で相づちをするといいでしょう。

　ほかにも話が堂々巡りになったときは、「たとえばどのようなことですか？」「ほかにどのようなことがあったでしょうか？」と、話題を変えるような相づちを。また、話を深掘りしたいときは、「とても面白いです。もっと詳しく教えて頂けませんか」「興味深い話なのでもっと知りたいです」と掘り下げる相づちを。もしも、プライベートなことを聞くときは「お差し支えなければ、携帯番号を教えて頂けますか？」「失礼ですが、どちらのご出身ですか？」というように、遠慮がちに相づちをするといいでしょう。

監修 **鶴野 充茂**（つるの　みつしげ）

ビーンスター株式会社代表取締役。社会構想大学院大学客員教授。筑波大学（心理学）、米コロンビア大学院（国際メディア・コミュニケーション）卒業。在英国日本大使館、国連機関、米系大手PR会社、ソニーを経て独立。対人コミュニケーションから企業コミュニケーションまで一貫して「コミュニケーション」をテーマに経験を積み、コミュニケーションの専門家として講演・研修・教材開発などに携わっている。『頭のいい説明「すぐできる」コツ』（三笠書房）、『あたりまえだけどなかなかできない説明のルール』（明日香出版社）など著書多数。

鶴野充茂 公式サイト　http://tsuruno.net/

■主要参考文献

『頭のいい説明「すぐできる」コツ』（鶴野充茂 著／三笠書房）、『あたりまえだけどなかなかできない説明のルール』（鶴野充茂 著／明日出版社）、『「プレゼン」の基本&実践力がイチから身につく』（鶴野充茂 著／すばる舎）、『マンガでわかる！かならず伝わる説明の技術』（鶴野充茂 監修／宝島社）、『「何が言いたいの？」ともう言わせない！説明の技術見るだけノート』（鶴野充茂 監修／宝島社）、『【図解】これで仕事がうまくいく！話し方・聞き方のビジネスマナーの基本ルール』（鶴野充茂 監修／成美堂出版）

説明の技術100の法則

2024年6月30日　初版第1刷発行

監　修──鶴野 充茂　©2024　Mitsushige Tsuruno
発行者──張 士洛
発行所──日本能率協会マネジメントセンター
〒103-6009 東京都中央区日本橋2-7-1　東京日本橋タワー
TEL 03（6362）4339（編集）／03（6362）4558（販売）
FAX 03（3272）8127（編集・販売）
https://www.jmam.co.jp/

装丁─────────冨澤 崇（EBranch）
編集─────────細谷健次朗（株式会社G.B.）
執筆協力────────吉川はるか、高原守、幕田けい太、原野成子、
　　　　　　　　　　野村郁朋、海老原一哉、大島玲美、小野喜美子、
　　　　　　　　　　向川裕美
本文デザイン──────深澤祐樹（Q.design）
DTP──────────G.B.Design House
印刷─────────シナノ書籍印刷株式会社
製本─────────株式会社新寿堂

ISBN 978-4-8005-9226-2 C2034
落丁・乱丁はおとりかえします。
PRINTED IN JAPAN